教学"私房菜"

——高中物理题"境"构建实例解析

吕国通◎著

东北师范大学出版社

长 春

图书在版编目（CIP）数据

教学"私房菜"：高中物理题"境"构建实例解析 /
吕国通著. —长春：东北师范大学出版社，2020.12
　ISBN 978-7-5681-7408-4

Ⅰ.①教… Ⅱ.①吕… Ⅲ.①中学物理课—教学研究
—高中 Ⅳ.①G633.72

中国版本图书馆CIP数据核字（2020）第259699号

□责任编辑：石　斌　　　　　　□封面设计：言之凿
□责任校对：刘彦妮　张小娅　□责任印制：许　冰

东北师范大学出版社出版发行
长春净月经济开发区金宝街 118 号（邮政编码：130117）
电话：0431-84568115
网址：http：//www.nenup.com
北京言之凿文化发展有限公司设计部制版
北京政采印刷服务有限公司印装
北京市中关村科技园区通州园金桥科技产业基地环科中路 17 号（邮编：101102）
2022年6月第1版　2022年6月第1次印刷
幅面尺寸：170mm×240mm　印张：13　字数：220千

定价：45.00元

序言 PREFACE

吕老师从一名普通中学物理教师，一路成长为龙湖区物理学科带头人、中心组组长、龙湖区名师工作室（高中物理）主持人、现在是汕头市高中物理教师工作室主持人、学校教研室主任，一路走来，耕耘不辍，钻研不止，成果颇丰。

吕老师学科功底厚实，潜心教学，善于将课堂教学中学生出现的"问题"进行"建构"，并"生成"新的试题。他工作严谨，精研试题，近些年多次参与市级考试试题的命制和审核，积累了大量"原创"题目，终成《教学"私房菜"——高中物理题"境"构建实例解析》一书。"私房菜"是该书的亮点，缘于吕老师题目"三维立体扫描"的构思，每一道试题都从"设计意图、题目分析、教学建议"三个维度进行阐述，让读者全方位了解试题的"前世今生"，所选的题目科学规范，针对性强，实用性高，能给读者以引导与启迪。

问题是素养形成的载体，学生若能专心研习书中试题，把自己置身于真实的问题情境中，必能体会到课堂所学知识的应用价值，进而学会举一反三，培养自己发现新问题解决新问题的能力，并引导自己从"解题"向"解决问题"，从"做题"向"做人做事"进行转变。问题也是素养测试的载体，教师若能潜心研读书中试题，特别是"私房菜"部分，必将有益于指导基于核心素养的命题实践，若活用于课堂之中，把文本知识置于问题情境之中，开展生活背景下的灵动教学，定能丰富讲课思路，引导学生走出题海，并形成系统的方法和能力，这也将有助于立德树人及核心素养目标在日常教育教学中的落实。

"一切乐境都要靠劳动去创造"。吕老师已过"知天命"之年，闻说他每天的工作模式是"7＋7"，即早上 7 点到学校，傍晚 7 点到家，每天坚守学校 12 个小时，风雨无阻！他现在还这么"拼命"究竟是为了什么？完善自我，超越自我！读完这本书也许你就可以找到更多的答案。

是为序。

蔡冬阳

2020 年 6 月

（本文作者系汕头市教育局教研室副主任、广东省中学物理正高级教师、广东省特级教师）

前言

FOREWORD

　　这本书收录的是编者近几年来改编、原创的试题。题目中的问题情境，大多来源于课堂教学实践中学生出现的"问题"。编者直面"问题"，进行"回炉再生"处理后，配上理性思考的文字并汇编成册。

　　试题的改编、创作过程，编者是从三个维度进行构建的。维度一是"设计意图"，主要考虑三个方面：一是高考考试大纲在知识、能力方面的考查要求，二是题目构建的情景模型，三是物理学科核心素养的培养与落实，力求使读者能够最大限度地理解编者的意图，期望某些试题的命题技巧和思路对教师教学有一定的启发作用。维度二是"题目分析"。试题分析图文并茂，详尽地剖析了题目中各个选项的"前世今生"，力求对读者准确把握学科的科学方向、启迪解题思路有一定的借鉴作用。维度三是"教学建议"。这属于编者的"私房菜"，也是多年来工作实践的认识、体会与升华，力求能切实指导物理教师的教学命题实践，期望对广大物理教师有"强筋壮体"之功效，书名即由此而来。

　　题"境"即"问题情境"，指的是真实的问题背景，是以问题或任务为中心的活动场域。书中大量题"境"贴近生活、贴近社会、贴近时代，与社会实际密切相关，通过"解题"过程，可引导学生学会理论联系实际，思考并体会课堂所学知识的应用价值；同时，书中不少题"境"创设了新颖的试题呈现方式和设问方式，可引导学生在"解题"过程中主动思考，同时培养学生发现新问题解决新问题的能力。

　　教师精研试题，潜入"题海"，为的是在茫茫"题海"中寻找到解决问题之"定海神针"，传授给学生解决问题的"如意金箍棒"；为的是帮助学生跳出"题海"，引导学生获取解决问题"七十二变"的科学方法，以减轻学生的课业负担，提高学习的效率，促进学生积极主动、全面和谐地发展，同时培育学生的物理学科核心素养。

由于时间有限，加上多数题目为原创，纰漏和不足之处在所难免，欢迎广大师生在使用过程中提出改进的思路和宝贵的意见。

吕国通

2020 年 6 月于汕头经济特区林百欣中学

目 录 CONTENTS

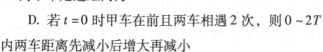

第 一 章

力 学

一、直线运动

1. 甲、乙两车在一平直路面的两平行车道上同向运动，其 $v-t$ 图像如图 1-1 所示，$t=0$ 时两车相距 d，则（   ）

A. 若 $t=0$ 时乙车在前，则两车只相遇 1 次，且相遇前两车的距离一直减小

B. 若 $t=0$ 时乙车在前，则两车只相遇 1 次，且 $t=2T$ 时，乙车仍在甲车前方 d 处

C. 若 $t=0$ 时甲车在前且两车只相遇 1 次，则 $0\sim 2T$ 内甲车走过距离为 $4d$

D. 若 $t=0$ 时甲车在前且两车相遇 2 次，则 $0\sim 2T$ 内两车距离先减小后增大再减小

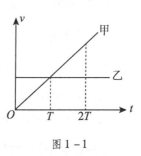

图 1-1

【设计意图】 主要考查学生的理解能力、推理能力以及分析综合能力，考查内容涉及匀变速直线运动及其公式、图像等。题目属于直线运动中的追及相遇的情景模型，$t=0$ 时没有给定两车的前后位置关系，要求学生结合图像和选项的"假设"条件，推导出两车的距离关系，考查学生运用物理规律解决问题的能力，同时考查学生利用图像获取信息的能力，促进学生逻辑思维及发散思维等关键能力的提升。

【题目分析】 若 $t=0$ 时乙车在前，则两车只相遇 1 次，相遇前两车的距离先增大后减小，选项 A 错误；$t=2T$ 时，两车通过的距离相等，乙车仍在甲

车前方 d 处，选项 B 正确。设 $t = T$ 时乙车比甲车多走了 Δx，若 $t = 0$ 时甲车在前，则：①当 $\Delta x < d$ 时，两车无法相遇，两车最近距离为 $d - \Delta x$，整个运动过程两车距离先减小后增大；②当 $\Delta x = d$ 时，两车在 $t = T$ 时相遇，相遇后甲车在前乙车在后，两车只相遇 1 次，由图 1-1 图像的"面积"可知 $0 \sim 2T$ 内甲车走过距离为 $4d$，选项 C 正确；③当 $\Delta x > d$ 时，两车分别在 $t < T$，$T < t < 2T$ 时段内相遇，共相遇 2 次，$0 \sim 2T$ 内两车距离先减小后增大再减小再增大，选项 D 错误。

【教学建议】 讨论追及相遇问题，实质上就是分析讨论判断两物体在相等时间内，能否到达相同的空间位置。速度相等往往是两物体能否追上，或者距离最大、最小的临界条件，因此常常是顺利解决此类问题的抓手。另外，还应注意抓住题目中的关键字眼，充分挖掘出题目中的隐含条件，如"刚好""恰巧""最多""至少"等。

2. 甲、乙两辆汽车在同一平直公路上同向运动，其 v-t 图像分别如图1-2中甲、乙两条图线所示，已知 $t = 10$s 时两车并排行驶，则（　　）

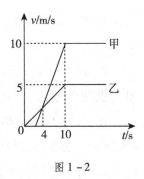

图 1-2

A. 甲车的加速度大小为 $\dfrac{4}{3}$ m/s^2

B. 甲车比乙车晚出发 2s

C. 在 $t = 0$ 时，乙车在甲车前 12.5m

D. 在 $t = 4$s 时，两车相距 10m

【设计意图】 主要考查学生的理解能力、推理能力、分析综合能力以及应用数学处理物理问题的能力，考查内容涉及匀变速直线运动及其公式、图像等。题目属于直线运动中的追及相遇的情景模型，设置 $t = 10$s 时两车并排行驶，而不告知出发时两车的前后位置，要求学生利用匀变速直线运动的有关规律，结合图像获取的信息，定量推算出两车在不同时刻的位置关系，主要考查学生准确理解图像的物理意义并应用相关规律解决物理问题的能力，同时考查学生利用图像获取信息、加工信息的能力，促进学生运动与相互作用观念的形成和逻辑思维等关键能力的提升。

【题目分析】 加速阶段，由图像可求乙车的加速度大小为 $a_{乙} = 0.5$m/s^2，在 $t = 4$s 时两车的速度大小 $v_1 = a_{乙} t = 2$m/s，可求甲车的加速度大小为 $a_{甲} = $

$\frac{\Delta v}{\Delta t} = \frac{4}{3}$ m/s^2，选项 A 正确；甲车的加速时间 $t_甲 = \frac{\Delta v}{a_甲} = 7.5$s，故甲车比乙车晚出发 2.5s，选项 B 错误；两车加速过程的位移差就是 $t = 0$ 时乙车在甲车前的距离 $\Delta x = x_甲 - x_乙 = 12.5$m，选项 C 正确；$t = 4$s 时，乙车比甲车多走了 $\Delta s = 2.5$m，此时两车相距 $\Delta x_m = \Delta x + \Delta s = 15$m，选项 D 错误。

【教学建议】解决"追及相遇问题"，必须根据运动过程画出运动示意图，正确"还原"运动情景，以便于找出两物体的空间（位移）和时间关系。$v - t$ 图像中图线与坐标轴所围"面积"表示对应时间内物体的位移大小，能否灵活应用"面积"解决问题是提高解题效率的关键。

3. 甲、乙两辆遥控小汽车在两条相邻的平直轨道上做直线运动，以甲车运动方向为正方向，两车运动的 $v - t$ 图像如图 1 – 3 所示。下列说法正确的是（　　）

A. 两车若在 $t = 5$s 时相遇，则另一次相遇的时刻是 $t = 10$s

B. 两车若在 $t = 5$s 时相遇，则 $t = 0$ 时两车相距 15m

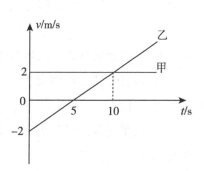

图 1 – 3

C. 两车若在 $t = 10$s 时相遇，则另一次相遇的时刻是 $t = 20$s

D. 两车若在 $t = 10$s 时相遇，则相遇前两车的间距逐渐减小

【设计意图】主要考查学生的理解能力、推理能力以及分析综合能力，考查内容涉及匀变速直线运动及其公式、图像等。题目创设直线运动的追及相遇情景模型，设置 $t = 0$ 时两车的运动方向相反，使问题情景更加新颖，并且借"图"发挥，使问题更具发散性，主要考查学生利用图像获取信息的能力，同时考查学生运用物理规律解决问题的能力，促进学生逻辑思维及发散思维等能力的提升。

【题目分析】两车若在 $t = 5$s 时相遇，由图像可知，$t = 15$s 时图线与坐标轴所围"面积"相等，即两车再次相遇，而 0～5s 内，两车的"图线"与坐标轴所围"面积"为 15m，故选项 A 错误，B 正确。两车若在 $t = 10$s 时相遇，则以后时间内乙车在前，甲车在后，不可能再相遇，并且在 0～5s 内两车相向而行，距离越来越小，在 5s～10s 内，甲车追赶乙车，两车距离也越来越小，在 $t = 10$s 时相遇，故选项 C 错误，D 正确。

【教学建议】分析讨论追及相遇问题，可以概括为"1+2"，"1"是指一个临界条件，即速度相等，它常常是两个质点能否追上或者距离最大、最小的临界条件，同时也是分析判断问题的抓手；"2"是指两个等量关系，即时间关系和位移关系，要准确解决追及相遇问题，必须正确"还原"运动情景，画出运动示意图，找出两物体间的等量关系。

二、相互作用

4. 如图 1-4 所示是汽车 45°极限爬坡时的照片，汽车缓慢地沿斜坡攀爬，斜坡的倾角逐渐增大至 45°。下列关于汽车这一爬坡过程的说法中正确的是（   ）

A. 坡的倾角越大，汽车对坡面的压力也越大

B. 汽车受到沿坡面向下、大小不断减小的滑动摩擦力作用

C. 汽车受到沿坡面向上、大小不断增大的静摩擦力作用

D. 若汽车能顺利爬坡，则车胎与坡面间的最大静摩擦力至少为车重的大小

图 1-4

【设计意图】主要考查学生的理解能力、推理能力以及分析综合能力，考查内容涉及力的合成和分解、共点力的平衡、滑动摩擦力、静摩擦力、牛顿第三定律等。题目以体育项目极限爬坡为素材，设计与体育运动相联系的实际情境，考查学生构建物理模型的能力和运用物理规律分析解决实际问题的能力，培养学生热爱体育运动的兴趣，引导学生增强体育健康意识，促进学生物理观念的发展和科学思维的提升。

【题目分析】设汽车质量为 m，斜坡倾角为 θ，对汽车，根据平衡条件，斜坡对汽车的支持力大小为 $F_N = mg\cos\theta$，随着倾角 θ 的增大，支持力不断减小，根据牛顿第三定律，压力不断减小，故选项 A 错误；汽车受到的静摩擦力大小为 $F_f = mg\sin\theta$，随着 θ 的增大，静摩擦力不断增大，静摩擦力的方向沿面向上，故选项 B 错误，选项 C 正确；若汽车能顺利爬坡，则车胎与坡面间的最大静摩擦力至少为 $mg\sin 45° = \frac{\sqrt{2}}{2}mg$，故选项 D 错误。

【教学建议】静摩擦力的方向是与"相对运动趋势"的方向相反，而不是与运动方向相反，其实与运动方向无关。判断静摩擦力方向的常用方法有假设法和牛顿第二定律，所谓假设法即先假设接触面光滑，物体的相对运动方向就是相对运动趋势的方向。

5. 如图 1-5 所示为某儿童乐园游乐场中的半球形游乐设施，现有质量为 m（视为质点）的小孩在设施最低处沿其内壁缓慢向上爬行，已知小孩与设施内壁间的动摩擦因数为 μ，重力加速度为 g，则当小孩爬到高度为半径的 $\frac{1}{5}$ 处时（ ）

图 1-5

A. 小孩对设施的压力大小为 $0.6mg$

B. 小孩对设施的作用力大小为 $0.8mg$

C. 设施对小孩的滑动摩擦力大小为 $0.8\mu mg$

D. 设施对小孩的静摩擦力大小为 $0.6mg$

【设计意图】主要考查学生的理解能力、推理能力以及分析综合能力，考查内容涉及力的合成和分解、共点力的平衡、滑动摩擦力、静摩擦力、牛顿第三定律等。题目以日常生活中的游乐设施为素材，要求学生在分析实际问题的过程中主动构建物理模型，引导学生关注日常生活中的物理问题，考查学生的建模能力以及运用物理规律分析解决实际问题的能力，引导学生学以致用，促进学生物理观念的形成和科学思维的提升。

【题目分析】设半球形游乐设施的半径为 R，当小孩爬到高度为半径的 $\frac{1}{5}$ 处时，受力如图 1-6 所示，根据平衡条件，静摩擦力 $F_f = mg\sin\theta$，支持力 $F_N = mg\cos\theta$，又有 $\cos\theta = \dfrac{\frac{4}{5}R}{R} = 0.8$，可知 $\theta = 37°$，由以上各式可得 $F_f = 0.6mg$，$F_N = 0.8mg$，故选项 C 错误，选项 D 正确；设施对小孩的作用力大小为 F_f，F_N 的合力，大小等于 mg，根据牛顿第三定律可知，小孩对设施的压力大小为 $0.8mg$，作用力大小为 mg，故选项 A，B 错误。

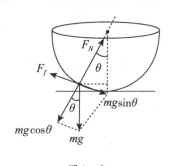

图 1-6

【教学建议】相互接触的两物体要发生"相对运动"还是只有"相对运动趋势",不仅是判断摩擦力类型的依据,也是判断摩擦力方向的思路,运动物体也可以受到静摩擦力作用,静止物体也可以受到滑动摩擦力作用。滑动摩擦力大小 $F_f = \mu F_N$,F_N 是正压力,其大小不一定等于物体重力;静摩擦力大小范围为 $0 < F_f \leqslant F_{fm}$,要计算其大小一般利用平衡条件或牛顿第二定律。

6. 一不可伸长光滑轻绳左端固定于 O 点,右端跨过位于 A 点的固定光滑轴悬挂一物块 P,OA 水平,距离为 L,轻绳挂上一钩码,平衡后左端绳子与竖直墙的夹角为 $30°$,如图 $1-7$ 所示。现用水平向右的拉力缓慢拉动 P,直至悬挂 P 的细绳与竖直方向夹角的正切值为 $\sqrt{2}$,则此过程中钩码上升的距离为(   )

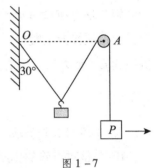

图 $1-7$

A. $\dfrac{\sqrt{3}}{6}L$　　　　　　B. $\dfrac{\sqrt{3}}{5}L$

C. $\dfrac{\sqrt{3}}{4}L$　　　　　　D. $\dfrac{\sqrt{3}}{3}L$

【设计意图】主要考查学生的理解能力、推理能力以及分析综合能力,考查内容涉及力的合成和分解、共点力的平衡等。题目以常见的轻绳 + 钩码为情景模型,通过植入"水平变力"使题目不落俗套,考查学生运用物理规律分析解决"动态平衡"问题的能力,促进学生科学思维的提升。

【题目分析】设物块 P 和钩码的质量分别为 M,m,平衡后受力如图 $1-8$ 甲所示,对 P 有 $F_1 = Mg$,对钩码有 $2F_1\cos30° = mg$,由以上两式可得 $m = \sqrt{3}M$。用水平向右的拉力缓慢拉动物块 P 后,直至悬挂 P 的细绳与竖直方向夹角的正切值为 $\sqrt{2}$ 时,受力如图 $1-8$ 乙所示,对 P 有 $F_2 = \sqrt{3}Mg$,对钩码有 $2F_2\cos\theta = mg$,由以上两式可得 $\cos\theta = \dfrac{1}{2}$,可得 $\theta = 60°$,此过程中钩码上升的距离为 $\Delta h = \dfrac{L}{2\tan30°} - \dfrac{L}{2\tan\theta}$,代入解得 $\Delta h = \dfrac{\sqrt{3}}{3}L$。故选项 A,B,C 错误,选项 D 正确。

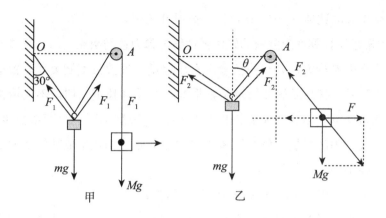

图 1-8

【教学建议】 解决共点力的平衡问题首先要做好受力分析，不能凭空增加力或漏掉力。其次，力的分解一定要按实际效果的方向进行。最后，通常是利用"力的矢量三角形"和"实物三角形"相似解决问题。

7. 一轻质弹性绳两端分别固定在水平天花板上相距 l_1 的 A，B 两点，将一挂钩光滑的钩码挂在弹性绳上，平衡时悬挂点 P 与 A，B 两点构成一正三角形；再将弹性绳的两端缓慢移至天花板上的同一点，其总长度变为 l_2，弹性绳始终在弹性限度内，则其原长为（　　）

A. $(2+\sqrt{3})(l_2-\sqrt{3}l_1)$　　　　B. $(4+2\sqrt{3})(l_2-\sqrt{3}l_1)$

C. $(2+\sqrt{3})(\sqrt{3}l_2-2l_1)$　　　　D. $(4+2\sqrt{3})(\sqrt{3}l_2-2l_1)$

【设计意图】 主要考查学生的理解能力、推理能力以及分析综合能力，考查内容涉及力的合成和分解、共点力的平衡、胡克定律等。题目以常见的弹性轻绳 + 钩码为素材，弹性绳挂上钩码后，通过固定点位置的变化植入情景问题，考查学生的建模能力以及运用物理规律分析解决实际问题的能力，促进学生物理观念的形成和科学思维的提升。

【题目分析】 设钩码质量为 m，弹性绳原长为 l_0，钩码平衡后受力如图 1-9 所示，对钩码有 $2F_1\cos30° = mg$，结合题中条件和胡克定律有 $F_1 = k(2l_1-l_0)$；将弹性绳的两端缓慢移至天花板上的同一点后，弹性绳所受弹力 $F_2 = \dfrac{1}{2}mg$，同理 $F_2 = k(l_2-l_0)$，代入可得 $l_0 = (4+2\sqrt{3})$

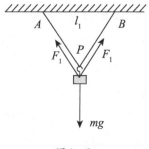

图 1-9

$(l_2 - \sqrt{3}l_1)$。故选项 A，C，D 错误，选项 B 正确。

【教学建议】 弹性限度内的轻质弹性绳的弹力遵循胡克定律，它能产生拉力但不能产生支持力，只有伸长量没有压缩量，且拉力不能突变。根据胡克定律列方程时，弹性绳的伸长量是整根绳子的总伸长量，切记不能取部分长度的伸长量计算，因为规格相同的轻质弹性绳长度不同，劲度系数也不同。另外，寻找"力的矢量三角形"和"实物三角形"相似是成功解决共点力平衡问题的抓手。

8. 如图 1-10 所示，长木板 P 下端通过铰链固定于水平地面上的 O 点，质量均为 m 的物块 A，B 静止叠放在 P 上，B 的上表面水平，P 与水平面夹角为 α。现使 P 绕 O 点缓慢转到与水平面夹角为 β 的位置，A，B 仍保持静止，重力加速度为 g，则此时（　　）

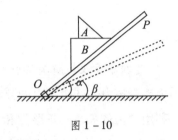

图 1-10

A. P 对 B 的摩擦力大小为 $mg\sin\beta$

B. P 对 B 的作用力为 $2mg\cos\beta$

C. B 对 A 的支持力大小为 $mg(\cos\beta - \cos\alpha)$

D. B 对 A 的摩擦力大小为 $mg\sin(\alpha - \beta)$

【设计意图】 主要考查学生的理解能力、推理能力以及分析综合能力，考查内容涉及力的合成和分解、共点力平衡、静摩擦力等。题目在常见的斜面上放置两物块，通过固定铰链改变斜面倾角，创设出新颖的问题情景，考查学生运用物理规律分析解决问题的能力，促进学生物理观念的形成和推理论证等科学思维的提升。

【题目分析】 如图 1-11 所示，P 绕 O 点缓慢转到与水平面夹角为 β 的位置时，根据平衡条件，对物块 A，B 整体，P 对 B 的摩擦力大小为 $2mg\sin\beta$，故选项 A 错误；P 对 B 的作用力为支持力和摩擦力的合力，大小为 $2mg$，故选项 B 错误；根据几何关系，物块 A 与水平面的夹角为 $\alpha - \beta$，对 A 根据平衡条件，B 对 A 的支持力大小为 $mg\cos(\alpha - \beta)$，摩擦力大小为 $mg\sin(\alpha - \beta)$，故选项 C 错误，选项 D 正确。

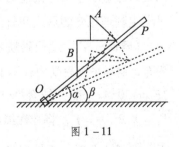

图 1-11

【教学建议】静摩擦力是被动力,其大小取决于产生"相对运动趋势"的主动力,其方向取决于两物体间的"相对运动趋势"方向,其大小与压力大小无关,但最大静摩擦力与压力有关,静摩擦力大小范围为 $0 < F_f \leq F_{fm}$,要计算静摩擦力的大小,一般利用平衡条件或牛顿第二定律。

9. 如图 1-12 所示,长木板 P 下端通过铰链固定于水平地面上的 O 点,物块 A 静放在 P 上,水平向右的恒力 F 作用在 A 上。现使 P 绕 O 点逆时针缓慢旋转一个小角度,A 仍保持静止,则此过程中物块 A 所受(   )

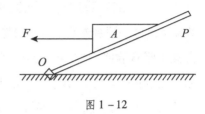

图 1-12

A. 支持力大小一定变大

B. P 的作用力大小不变

C. 摩擦力大小可能变小

D. 摩擦力大小一定变大

【设计意图】主要考查学生的理解能力、推理能力以及分析综合能力,考查内容涉及力的合成和分解、共点力的平衡、静摩擦力等。题目通过一水平恒力作用于静置于长木板上的物块,使长木板倾角缓慢转动一个小角度,并使物块仍保持静止,考查学生运用共点力平衡等知识分析解决问题的能力,促进学生物理观念的形成和科学推理、科学论证等思维能力的提升。

【题目分析】对 A 受力分析如图 1-13 所示,设长木板 P 的倾角为 α,根据平衡条件有,$F_N = mg\cos\alpha - F\sin\alpha$,$\alpha$ 增大,F_N 减小,故选项 A 错误;P 对 A 的作用力有支持力和摩擦力,两者的合力大小等于 mg 和 F 合力的大小,即 $\sqrt{F^2 + (mg)^2}$,故选项 B 正确;根据平衡条件有 $\sqrt{F^2 + (mg)^2} = \sqrt{F_N^2 + F_f^2}$,因 F_N 减小,故 F_f 增大,故选项 C 错误,选项 D 正确。

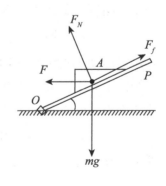

图 1-13

【教学建议】解决三力平衡常用到三角形定则,解决叠体或连接体的共点力平衡问题常用到整体法和隔离法,隔离法中"隔离"对象的常用原则是:受力越少越选,有已知力者优先。对于放在斜面上的静止物体,若不受其他外力作用，则斜面对物体的作用力是支持力和摩擦力的合力，大小等于物体重力的大小，方向竖直向上。

10. 如图 1-14 所示，长木板 P 下端通过铰链固定于水平地面上的 O 点，物块 a 静放在 P 上，一细绳跨过光滑轻质滑轮一端悬挂物块 b，另一端系着物块 a，滑轮用细绳 O_1O_2 悬挂于竖直墙壁上的 O_1 点，细绳 aO_2 段水平，系统处于静止状态。现使 P 绕 O 点逆时针缓慢旋转一个小角度，a 仍保持静止。在此过程中，下列说法正确的是（　　）

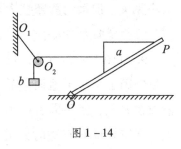

图 1-14

A. P 对 a 的作用力逐渐增大

B. P 对 a 的摩擦力逐渐减小

C. O_1O_2 对滑轮的作用力逐渐减小

D. O_1O_2 与竖直墙壁的夹角逐渐增大

【设计意图】主要考查学生的理解能力、推理能力以及分析综合能力，考查内容涉及力的合成和分解、共点力的平衡、静摩擦力等。题目借助定滑轮与斜面模型的组合，利用细绳连接两个物块"串接"了两个不同模型，通过转动长木板来创设问题，考查学生运用共点力平衡等知识分析、解决问题的能力，促进学生物理观念的形成和科学推理、科学论证等思维能力的提升。

【题目分析】P 绕 O 点逆时针缓慢旋转一个小角度后如图 1-15 所示，由图可以看出，细绳 aO_2 段与竖直方向的夹角减小，而细绳拉力等于物块 b 的重力，P 对 a 的作用力大小等于物块 a 的重力与细绳拉力的合力大小，故选项 A 正确；P 对 a 的支持力减小，而 P 对 a 的作用力逐渐增大，故摩擦力逐渐增大，故选项 B 错误；细绳 aO_2

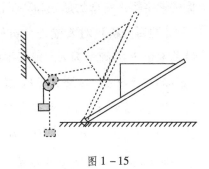

图 1-15

段与 bO_2 段的夹角逐渐增大，细绳拉力大小不变，细绳对滑轮的作用力逐渐减小，故 O_1O_2 对滑轮的作用力逐渐减小，选项 C 正确；O_1O_2 与竖直墙壁的夹角等于细绳 aO_2 段与 bO_2 段夹角的一半，故 O_1O_2 与竖直墙壁的夹角逐渐增大，选项 D 正确。

【教学建议】定滑轮通常用其来改变力的方向，解决物块通过细绳绕过轻质定滑轮的平衡问题时，一定要明确动态过程中的"变量"与"不变量"，牢牢抓住两条"细绳"，一是绕过定滑轮的细绳，其各处张力大小相等，均等于物块的重力；二是悬挂滑轮的细绳，其张力大小会随定滑轮两边细绳的夹角的增大而减小，其方向一定在该夹角的平分线上。

11. 如图 1 – 16 所示，质量分别为 m，$0.5m$ 的光滑球体 A 和粗糙半圆柱体 B 紧靠着静置于水平地面上，半径均为 R。现给 A 施加一拉力 F 使 A 缓慢移动，直至到达 B 的最高点，整个过程中 B 保持静止，F 与圆心连线 O_1O_2 的夹角始终为 $60°$，设最大静摩擦力等于滑动摩擦力，重力加速度为 g，下列说法正确的是（　　　）

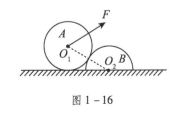

图 1 – 16

A. A 对 B 压力的最大值为 $\dfrac{2\sqrt{3}}{3}mg$

B. B 对地面压力的最大值为 $\dfrac{3}{2}mg$

C. 地面对 B 摩擦力的最大值为 $\dfrac{\sqrt{3}}{2}mg$

D. B 与地面间动摩擦因数的最小值为 $\dfrac{\sqrt{3}}{2}$

【设计意图】主要考查学生的理解能力、推理能力以及分析综合能力，考查内容涉及力的合成和分解、共点力的平衡、静摩擦力等。题目通过一与圆心连线 O_1O_2 夹角不变的拉力作用于球体让其缓慢移动，直至到达半圆柱体最高点，考查学生运用共点力平衡等知识分析、解决问题的能力，促进学生物理观念的形成和科学推理、科学论证等思维能力的提升。

【题目分析】对 A，其受力矢量三角形如图 1 – 17 所示，由图可以看出，$F_{Nm} = \dfrac{mg}{\cos 30°} = \dfrac{2\sqrt{3}}{3}mg$，选项 A 正确；$A$ 对 B 的压力竖直分量从 $F_N = mg\sin 30° = \dfrac{1}{2}mg$ 开始先增大后减小，最后等于 mg。A 对 B 的压力水平分量从 $F_f = mg\cos 30° = \dfrac{\sqrt{3}}{2}mg$ 开始逐渐减小至零。对 A，B 整体，B 对水平面的压力从 $\dfrac{1}{2}mg + \dfrac{1}{2}mg = mg$ 开始先增大后减小，最后等于 $\dfrac{3}{2}mg$，故 B 对地面压力的最

大值大于 $\frac{3}{2}mg$，选项 B 错误；水平面对 B 的摩擦力从 $\frac{\sqrt{3}}{2}mg$ 开始逐渐减小至零，选项 C 正确；综上分析可知，初始状态 B 对地面压力最小，地面对 B 摩擦力最大，整个过程要使 B 保持静止，只需初始状态不滑动，以后就不会滑动，故 $\mu_{\min}mg = \frac{\sqrt{3}}{2}mg$，即 $\mu_{\min} = \frac{\sqrt{3}}{2}$，选项 D 正确。

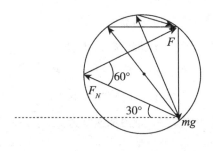

图 1 - 17

【教学建议】解决三力平衡常用到三角形定则，对于三个力中有一个大小方向不变（常常是重力），另外两个力的夹角不变的动态问题，通常可以画"单位圆"来快速解决问题。简要步骤：先画任一"单位圆"，然后以不变力作为圆上的一条弦，该弦对应的圆周角就是另外两个力夹角，动态过程就是让圆周角的顶点在圆周上移动，然后可以直观明了地看出另外两个力的变化情况。

三、牛顿运动定律

12. 用卡车运输匀质圆柱体工件，为使工件保持固定，将其置于两光滑固定斜面 1、2 之间，如图 1 - 18 所示，斜面倾角分别为 30°和 60°。当卡车沿平直公路行驶时，要使工件不从斜面上滚出，已知重力加速度为 g，下列说法正确的是（　　）

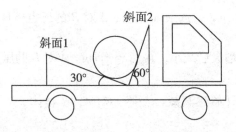

图 1 - 18

A. 卡车向前加速，加速度不能大于 $\dfrac{\sqrt{3}}{3}g$

B. 卡车向前加速，加速度不能大于 $\dfrac{\sqrt{3}}{2}g$

C. 卡车向前刹车，加速度不能大于 $\sqrt{2}g$

D. 卡车向前刹车，加速度不能大于 $\sqrt{3}g$

【设计意图】 主要考查学生的理解能力、推理能力以及分析综合能力，考查内容涉及力的合成和分解、牛顿运动定律及其应用等。该题是对 2019 年高考全国卷Ⅲ第 16 题的改编，题目以日常生活中卡车运输物体为素材，考查学生运用物理定则、定律分析解决实际问题的能力，促进学生关注日常生活中的物理问题，促进学生学以致用，促进学生运动与相互作用观念的形成以及科学思维的提升。

【题目分析】 工件受力如图 1－19 所示，若加速度水平向右，根据牛顿第二定律，沿垂直斜面 1 方向：$F_1 - mg\cos30° = ma\sin30°$，沿垂直斜面 2 方向：$mg\sin30° - F_2 = ma\cos30°$，由以上两式可得 $F_1 = mg\cos30° + ma\sin30°$，$F_2 = mg\sin30° - ma\cos30°$，随着 a 的增大，F_1 逐渐增大，F_2 逐渐减小，当 $F_2 = 0$ 时，即 $a_m = g\tan30° = \dfrac{\sqrt{3}}{3}g$，故选项 A 正确，B 错误。若加速度水平向左，同理，根据牛顿第二定律，沿垂直斜面 1 方向：$mg\cos30° - F_1 = ma\sin30°$，沿垂直斜面 2 方向：$F_2 - mg\sin30° = ma\cos30°$，由以上两式可得 $F_1 = mg\cos30° - ma\sin30°$，$F_2 = mg\sin30° + ma\cos30°$，随着 a 的增大，F_1 逐渐减小，F_2 逐渐增大，当 $F_1 = 0$ 时，即 $a_m = \dfrac{g}{\tan30°} = \sqrt{3}g$，故选项 C 错误，D 正确。

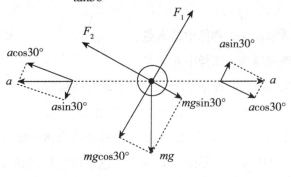

图 1－19

或者，当工件刚要沿斜面 1 上滑时，即 $F_2 = 0$，工件受力如图 1 - 20 甲所示，根据牛顿第二定律 $mg\tan30° = ma_m$，代入解得，$a_m = \dfrac{\sqrt{3}}{3}g$；当工件要沿斜面 2 上滑时，即 $F_1 = 0$，工件受力如图 1 - 20 乙所示，根据牛顿第二定律 $\dfrac{mg}{\tan30°} = ma_m$，代入解得，$a_m = \sqrt{3}g$。

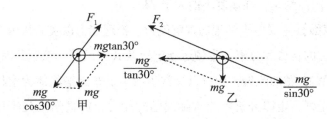

图 1 - 20

【教学建议】 解决力学问题的关键是做好受力分析，力虽然可以按任意方向分解，但一定要按实际作用效果的方向分解。解决问题时，究竟对哪个力进行分解，要具体问题具体分析：如果物体处于平衡状态，按实际作用效果方向分解后沿各分解方向上的合力必定为零；如果物体有加速度，分解的基本原则是分别沿加速度方向和垂直加速度方向进行分解；有时也可以对加速度进行分解，这时力要按分加速度的方向分解。

13. 假设小球在空气中下落过程受到的空气阻力与球的速率成正比，即 $f = kv$，比例系数 k 决定于小球的体迎风面积，与其他因素无关。让迎风面积相同而质量不同的小球在空气中由静止下落，它们的加速度与速度的关系图像如图 1 - 21 所示，则（ ）

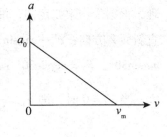

图 1 - 21

A. 小球的质量越大，图像中的 a_0 越大

B. 小球的质量越大，图像中的 v_m 越大

C. 小球的质量越大，速率达到 v_m 时经历的时间越短

D. 小球的质量越大，速率达到 v_m 时下落的距离越长

【设计意图】 主要考查学生的理解能力、推理能力和分析综合能力，考查内容涉及速度、加速度、牛顿运动定律等。题目以实际的落体运动为背景，植入运动中的加速度与速度的关系图像，考查学生应用物理规律解决问题的

能力以及利用图像获取信息的能力，促进学生物理观念和科学思维的形成和发展。

【题目分析】以小球为研究对象，根据牛顿第二定律 $mg - f = ma$，可得 $a = g - \dfrac{k}{m}v$，结合图像可知 $a_0 = g$，与小球质量无关，选项 A 错误；当 $a = 0$ 时，则 $v_m = \dfrac{mg}{k}$，可见小球的质量越大，图像中的 v_m 越大，选项 B 正确；比例系数 k 一定，小球的质量越大，$\dfrac{k}{m}$ 越小，图线越接近与 v 轴平行，速率达到 v_m 经历的时间和距离均越长，故选项 C 错误，选项 D 正确。

【教学建议】图像类的题目，先审题解读出题目所考查的物理规律，再依据规律推演出与图像相应的表达式，时刻抓住"图"和"式"之间的关系，理解图像的截距、斜率等的物理意义，寻求关系以解决问题。

14.①将雨滴看作球体，忽略雨滴间相互作用且质量保持不变，已知雨滴在空中竖直下落所受空气阻力 $f = kr^2v^2$，其中 k 为比例系数，r 为雨滴半径，v 为运动速率。雨滴 1，2 在空气中无初速下落的 $v - t$ 图线对应图 1 - 22 所示的线①与线②，下列关于雨滴 1，2 的说法正确的是（ ）

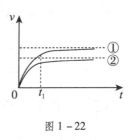

图 1 - 22

A. 雨滴 1 的半径较大

B. 达到最大速度时经历的时间相同

C. 在 t_1 时间内，雨滴 1 的平均加速度较大

D. 速度相同时，雨滴 1 的加速度较大，所受空气阻力较小

14.②将雨滴看作球体，忽略雨滴间相互作用且质量保持不变，已知雨滴在空中竖直下落所受空气阻力 $f = kr^2v^2$（其中 k 为比例系数，r 为雨滴半径，v 为运动速率）。雨滴 1，2 在空气中下落的 $v - t$ 图线对应图 1 - 23 所示的线①与线②，下列关于雨滴 1，2 的说法正确的是（ ）

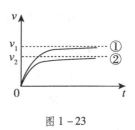

图 1 - 23

A. 半径之比 $r_1 : r_2 = v_1^2 : v_2^2$

B. 半径之比 $r_1 : r_2 = v_2^2 : v_1^2$

C. 达到最大速度经历的时间之比 $\dfrac{t_1}{t_2} > 1$

D. 达到最大速度经历的时间之比 $\dfrac{t_1}{t_2} = 1$

【设计意图】主要考查学生的理解能力、推理能力和分析综合能力，考查内容涉及速度、加速度、牛顿运动定律等。该题是对 2019 年高考北京卷第 24 题的改编，题目以生活中常见的雨滴下落为情景，呈现雨滴下落速度随时间变化的图像及雨滴在空中下落所受空气阻力的规律，旨在考查学生准确理解图像的物理意义并应用相关物理规律解决问题的能力。同时，引导学生关注日常生活中的物理问题，激发学生学习物理的兴趣，促进学生物理观念和科学思维的形成和发展。

【题目①分析】当雨滴的速度达到最大速度 ν_m 时加速度为零，即 $mg = f = kr^2\nu_m^2$，又有 $m = \rho\nu = \dfrac{4\pi\rho r^3}{3}$，可得 $r = \dfrac{3k\nu_m^2}{4\pi g\rho}$，可见 ν_m 大的半径大，选项 A 正确；$t = 0$ 时两图线斜率相同，而图线①的斜率减小较慢，斜率减小到零（速度达到最大）所用时间较长，选项 B 错误；雨滴加速下落过程，平均加速度 $\overline{a} = \dfrac{\Delta\nu}{\Delta t}$，由图像可知 $\overline{a}_1 > \overline{a}_2$，选项 C 正确；当速度相同时，由图像可知图线①的斜率比图线②大，雨滴 1 的加速度较大。根据 $f = kr^2\nu^2$，又雨滴 1 的半径较大，故所受空气阻力较大（或者根据牛顿第二定律 $mg - kr^2\nu^2 = ma$，可得 $a = g - \dfrac{3k\nu^2}{4\pi\rho r}$，又有 $f = kr^2\nu^2$，结合两式可得），选项 D 错误。

【题目②分析】当雨滴的速度达到最大时加速度为零，根据平衡条件有 $mg = f$，又知 $f = kr^2\nu_m^2$，且有 $m = \rho\nu = \dfrac{4\pi\rho r^3}{3}$，由以上三式可得 $r = \dfrac{3k\nu_m^2}{4\pi g\rho}$，代入题中所给已知物理量，结合题意有 $r_1 : r_2 = \nu_1^2 : \nu_2^2$，故选项 A 正确，B 错误；由题目中 $\nu - t$ 图像可知，$t = 0$ 时两图线斜率相同，而图线①的斜率减小较慢，斜率减小到零（速度达到最大）所用时间较长，即两雨滴由静止开始下落到达到最大速度经历的时间 $t_1 > t_2$，即 $\dfrac{t_1}{t_2} > 1$，故选项 C 正确，D 错误。（或者利用两雨滴 $t = 0$ 时加速度相同，最大速度时 $a = 0$ 这两个条件，把题目中 $\nu - t$ 图像转换为 $a - t$ 图像，结合图像与坐标轴所围"面积"表示最大速度，同样也可判断 $t_1 > t_2$）

【教学建议】 图像类的题目，首先要看清图像的横轴、纵轴各表示什么物理量，其次弄清图线的截距、斜率的物理意义，同时要注重文字、图像等不同信息之间的联系。若学生学有余力，可把"雨滴下落"的图像拓展迁移到静电场、电磁感应等知识中去。

15. 我国自行设计、建造的新型航母采用滑跃式起飞甲板，示意图如图1-24所示，它由长为L_1，L_2的水平甲板AB和上翘甲板BC（圆弧）两部分构成，C点切线方向与水平方向的夹角为θ（弧度）。若质量为m的某飞行员驾驶舰载机，从A点由静止开始做匀加速直线运动，经时间t到达B点进入BC。重力加速度为g，下列说法正确的是（　　　）

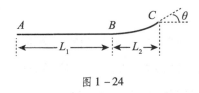

图1-24

A. 舰载机在AB段运动过程对飞行员的作用力大小为$\dfrac{2mL_1}{t^2}$

B. 舰载机在AB段运动过程对飞行员做功为$\dfrac{2mL_1^2}{t^2}$

C. 舰载机刚进入BC时，舰载机对飞行员的支持力大小为$mg+\dfrac{4m\theta L_1^2}{L_2 t^2}$

D. 舰载机刚进入BC时，舰载机对飞行员的支持力大小为$mg+\dfrac{4mL_1^2\sin\theta}{L_2 t^2}$

【设计意图】 主要考查学生的理解能力、推理能力及分析综合能力，考查内容涉及匀变速直线运动、匀速圆周运动的向心力、牛顿运动定律及其应用、动能定理、力的合成与分解等。该题是对2019年高考天津卷第12题的改编，题目以国产新型航母滑跃式起飞甲板为原型，植入匀变速直线运动和匀速圆周运动的情景模型，设置成与之相应的典型问题，考查学生建构模型的意识和能力，同时考查学生运用规律、定理、定律解决问题的能力，促使学生通过"解题"过程的历练，实现从"解题"到"解决问题"的转变！同时，期望学生在"解决问题"中形成和发展运动与相互作用和能量观念，引导学生关注我国在军事科研方面取得的重要进展，提升学生学习物理的兴趣，增强学生的民族自信心和自豪感。

【题目分析】舰载机在 AB 段运动过程对飞行员的作用力有两个：支持力 F_N 和水平推力 F，支持力大小等于重力，即 $F_N = mg$，水平推力 $F = ma$，根据匀加速直线运动规律可知 $L_1 = \frac{1}{2}at^2$，故舰载机对飞行员的作用力大小为 $\sqrt{m^2g^2 + \frac{4m^2L_1^2}{t^4}}$，选项 A 错误；根据动能定理，舰载机对飞行员做功为 $W = FL_1 = \frac{2mL_1^2}{t^2}$，选项 B 正确；舰载机到达 B 点时，对飞行员，根据牛顿定律有 $F_B - mg = m\frac{v_B^2}{r}$，又有 $L_1 = \frac{v_B}{2}t$，且 $L_2 = \theta r$，可得支持力大小 $F_B = mg + \frac{4m\theta L_1^2}{L_2 t^2}$，选项 C 正确，选项 D 错误。

【教学建议】解决力学问题一定要对研究对象进行受力分析，形成良好的顺序习惯（重力、弹力、摩擦力、电场力、磁场力……）是避免多或漏分析力的关键；计算匀加速直线运动的位移，公式的选择要依据题目给的已知条件，切忌死记硬背、生搬硬套；一个物体对另一个物体的作用力往往不止一个，别忘了可能有"第三者"介入。

16. 如图 1 – 25 甲所示是冰上体育比赛"冰壶运动"的场地示意图（冰面水平、冰壶视为质点），某次训练中一队员在 $t = 0$ 时，将冰壶 1 从 A 点沿中心线向右推出，运动了 $x = 36m$ 时与静止在 O 点的等质量的冰壶 2 发生弹性正碰，碰后冰壶 2 的 v-t 图像如图 1 – 25 乙所示。重力加速度 $g = 10m/s^2$，下列说法正确的是（　　）

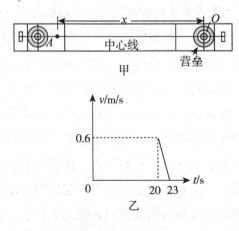

图 1 – 25

A. $t=0$ 时冰壶 1 的速度大小为 3.0m/s

B. 最后冰壶 1、2 相距 0.90m

C. 冰壶 1 与冰面间动摩擦因数为 0.012

D. 冰壶 2 与冰面间动摩擦因数为 0.2

【设计意图】主要考查学生的分析综合能力，重点考查学生能否依据所给的有限条件，通过合理分析来推知具体的物理情景并建立相应的物理模型，进而确定各物理量之间的定量关系。考查内容涉及匀变速直线运动、弹性碰撞、动量守恒定律、动能定理（或牛顿第二定律）、摩擦力等。题目以体育比赛"冰壶运动"项目为背景，考查学生运用物理概念和规律解决实际运动中的相关问题的能力，以及对运动的相关物理概念与图像中数学元素对应关系的理解，同时考查学生获取图像信息的能力，培养学生热爱体育运动、积极参加体育锻炼的意识，促进学生学科素养的发展。

【题目分析】冰壶 1、2 的碰撞属弹性碰撞，根据动量守恒定律结合图像可知，冰壶 1 与冰壶 2 碰前的速度为 $v_t=0.6$m/s，冰壶 1 运动了 $x=36$m 所用时间 $t=20$s，根据 $x=\dfrac{(v_0+v_t)}{2}t$，代入数据可得 $v_0=3.0$m/s，选项 A 正确；冰壶 1、2 碰撞后冰壶 1 静止，冰壶 2 走过的距离就是最后冰壶 1、2 相距的距离，图线与坐标轴所围的"面积"（0.90m）即是所求，选项 B 正确；对冰壶 1，根据动能定理 $-\mu mgx=\dfrac{1}{2}mv_t^2-\dfrac{1}{2}mv_0^2$（也可用牛顿第二定律），代入数据可得动摩擦因数为 0.012，选项 C 正确；同理，求得冰壶 2 与冰面间动摩擦因数为 0.02，选项 D 错误。

【教学建议】对于图像类的题目，首先要看清坐标轴表示什么物理量，其次弄清图线的截距、斜率、与坐标轴围成的"面积"的物理意义；若遇到有限的图像，则补充成全过程的完整图线是顺利解决问题的关键，这样不但可以节省大量的时间，也可避免计算错误。

17. ①如图 1-26 所示，一只猫在桌边猛地将桌布从鱼缸下拉出，鱼缸最终没有滑出桌面，已知鱼缸、桌布、桌面两两之间的动摩擦因数均相等。对于鱼缸的运动过程，若用 v，a，p，E_k 分别表示鱼缸速度、加速度、动量、动能的大小，x 表示距离，则下列所示图像最能正确描述鱼缸运动规律的是（ ）

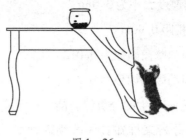

图 1 - 26

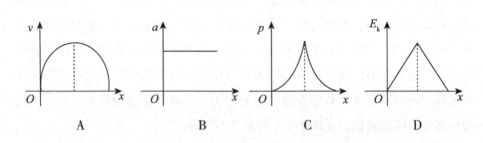

A   B   C   D

17.②如图 1 - 26 所示，一只猫在桌边猛地将桌布从鱼缸下拉出，鱼缸最终没有滑出桌面，已知鱼缸、桌布、桌面两两之间的动摩擦因数均相等。对于鱼缸的运动过程，若用 v，a，E_k，p 分别表示鱼缸速度、加速度、动能、动量的大小，t 表示时间，则下列所示图像最能正确描述鱼缸运动规律的是（   ）

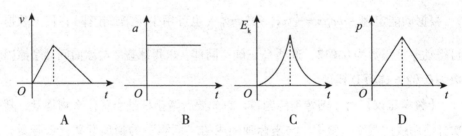

A   B   C   D

17.③如图 1 - 26 所示，一只猫在桌边猛地将桌布从鱼缸下拉出，鱼缸最终没有滑出桌面，已知鱼缸、桌布、桌面两两之间的动摩擦因数均相等。下列关于鱼缸在桌布、桌面上运动规律的判断正确的是（   ）

A. 加速度大小之比 $\dfrac{a_1}{a_2} = 1$

B. 运动时间之比 $\dfrac{t_1}{t_2} = 1$

C. 动能变化大小之比 $\dfrac{\Delta E_{k1}}{\Delta E_{k2}} > 1$

D. 动量变化大小之比 $\dfrac{\Delta p_1}{\Delta p_2} < 1$

【设计意图】 主要考查学生的理解能力、推理能力以及分析综合能力，考查内容涉及匀变速直线运动、牛顿运动定律及其应用、动能和动能定理、动量与动能的大小关系等。题目借助"猫将桌布从鱼缸下拉出"的生活情景，植入板块模型以及匀变速直线运动模型，考查学生建构物理模型的意识和能力，同时题目中 x 轴用距离表示，使题目更加新颖，主要考查学生运用规律、定理、定律解决问题的能力和灵活运用所学物理知识解决实际问题的能力，同时考查学生准确理解图像的物理意义并应用相关规律解决问题的能力，从而实现从"解题"到"解决问题"的转变！

【题目①分析】 猫将桌布从鱼缸下拉出过程中，鱼缸先做匀加速直线运动，再做匀减速直线运动，由于鱼缸、桌布、桌面两两之间的动摩擦因数相等，故鱼缸运动过程中加速度大小相同，选项 B 正确。鱼缸加速或减速（看成反向加速）过程，根据 $v^2 = 2ax$，可知选项 A 正确。根据动能定理 $fx = E_k - 0$，可知选项 D 正确。动量与动能的大小关系为 $p = \sqrt{2mE_k}$，综合可得 $p = \sqrt{2mfx}$，选项 C 错误。

【题目②分析】 猫将桌布从鱼缸下拉出过程中，鱼缸先做匀加速直线运动，再做匀减速直线运动，由于鱼缸、桌布、桌面两两之间的动摩擦因数相等，故鱼缸运动过程加速度大小相同，选项 A 错误，B 正确。鱼缸加速或减速（看成反向加速）过程，根据 $E_k = \dfrac{1}{2}mv^2 = \dfrac{1}{2}ma^2t^2$ 可知，选项 C 正确。动量 $p = mv = mat$，选项 D 正确。

【题目③分析】 猫将桌布从鱼缸下拉出过程中，鱼缸先做匀加速直线运动，再做匀减速直线运动，由于鱼缸、桌布、桌面两两之间的动摩擦因数相等，故鱼缸运动过程加速度大小相同，即 $\dfrac{a_1}{a_2} = 1$，选项 A 正确。根据对称性可知运动时间之比 $\dfrac{t_1}{t_2} = 1$，选项 B 正确。动能变化大小之比 $\dfrac{\Delta E_{k1}}{\Delta E_{k2}} = 1$，动量变化大小之比 $\dfrac{\Delta p_1}{\Delta p_2} = 1$，选项 C、D 错误。

【教学建议】对于根据运动规律确定相关图像的题目，首先要看清图像的横轴、纵轴各表示什么物理量，其次根据物理规律推导相应的表达式，最后根据表达式判断图像的图线是否正确。在日常的习题教学中，切忌"为解题而解题"，而是要多触角立体地引导学生实现从"解题"到"解决问题"的转变，才能有效帮助学生形成物理观念，并发展科学思维。

18. 如图 1-27 所示，物块 A，B 叠放在光滑的水平面上，接触面粗糙，质量为 $m_B = 2m_A$，用水平恒力 F_1 或 F_2 单独作用在物块 A 或 B 上时，物块 A，B 刚好要发生滑动，则 $F_1 : F_2$ 为（   ）

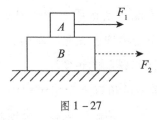

图 1-27

A. $1:1$ B. $1:2$ C. $1:3$ D. $3:1$

【设计意图】主要考查学生的理解能力和推理能力，考查内容涉及滑动摩擦力、牛顿运动定律及其应用等。题目借助学生熟悉的板块模型，设置"刚好要发生滑动"为临界条件，考查学生运用规律、定律解决问题的能力，重点考查学生能否利用整体法、隔离法去解决问题，旨在促进学生运动与相互作用观念的形成以及科学思维能力的提升。

【题目分析】设物块 A，B 间的滑动摩擦力大小为 f，用 F_1 单独作用在物块 A 上时，当物块 A，B 刚好要发生滑动时，对 B 根据牛顿第二定律 $f = m_B a_甲$，同理对 A，B 系统，$F_1 = (m_A + m_B) a_甲$，代入解得 $F_1 = \dfrac{3}{2} f$。用 F_2 单独作用在物块 B 上时，当物块 A，B 刚好要发生滑动时，对 A 根据牛顿第二定律 $f = m_A a_乙$，同理对 A，B 系统，$F_2 = (m_A + m_B) a_乙$，代入解得 $F_2 = 3f$，所以选项 B 正确。

【教学建议】应用牛顿第二定律解决叠体问题常常用到整体法和隔离法，隔离法中选择"隔离"对象的常用原则是受力越少越选，有已知力的优先。对于一板一块的板块模型，"隔离"的常用原则是拉上隔下，拉下隔上。

19.①如图 1 – 28 所示，足够长的水平传送带以一定速度 ν 顺时针转动，现在传送带左侧轻轻放上一小滑块，与此同时，启动传送带制动装置，使传送带以恒定大小加速度 a 减速直至停止。已知滑块与传送带间的动摩擦因数为 μ，重力加速度为 g，则下列说法正确的是（　　）

图 1 – 28

A. 滑块运动的时间可能是 $\dfrac{\nu}{a}$

B. 滑块运动的时间可能是 $\dfrac{2\nu}{a + \mu g}$

C. 滑块运动的距离可能是 $\dfrac{\mu g \nu^2}{a(a + \mu g)}$

D. 滑块运动的距离可能是 $\dfrac{\mu g \nu^2}{(a + \mu g)^2}$

19.②如图 1 – 28 所示，足够长的水平传送带以一定速度顺时针转动，现在传送带左侧轻轻放上一小滑块，与此同时，启动传送带制动装置，使传送带以恒定加速度减速直至停止。若从启动传送带制动装置开始计时，则下列描述传送带和小滑块运动的 $\nu – t$ 图像可能正确的是（　　）

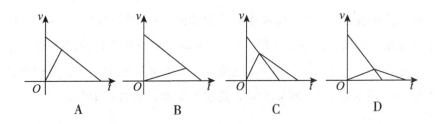

A　　　　　　B　　　　　　C　　　　　　D

【设计意图】主要考查学生的理解能力、推理能力以及分析综合能力，考查内容涉及匀变速直线运动及其公式、滑动摩擦力、牛顿运动定律及其应用等。题目通过学生熟悉的传送带模型，设置传送带做匀减速直线运动的图景，使学生感到既熟悉又陌生，考查学生运用规律、定理解决问题的能力，重点考查他们的发散思维能力，旨在促进学生运动与相互作用观念的形成以及科学思维的提升。

【题目①分析】滑块与传送带发生相对滑动时，对滑块，$\mu m g = m a_0$，$a_0 =$

μg。（1）当 $a_0 \geq a$ 时，滑块先以加速度 a_0 做加速运动，共速后一起再以加速度 a 做减速运动，传送带和小滑块运动的 $v-t$ 图像如图 1-29 甲所示，滑块运动的时间 $t = \dfrac{v}{a}$，设经过 t_1 滑块与传送带共速，即 $v - at_1 = a_0t_1$，滑块运动的距离 $x = \dfrac{1}{2}a_0t_1 \cdot t$，代入可得 $x = \dfrac{\mu gv^2}{2a(a+\mu g)}$；（2）当 $a_0 < a$ 时，滑块先以加速度 a_0 做加速运动，共速后滑块、传送带分别以加速度 a_0，a 做减速运动，传送带和小滑块运动的 $v-t$ 图像如图 1-29 乙所示，滑块运动的时间 $t = 2t_1 = \dfrac{2v}{a+\mu g}$，滑块运动的距离 $x = \dfrac{1}{2}a_0t_1 \cdot t = \dfrac{\mu gv^2}{(a+\mu g)^2}$。故选项 A、B、D 正确，选项 C 错误。

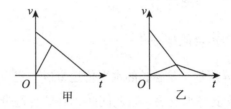

图 1-29

【题目②分析】 滑块与传送带发生相对滑动时，对滑块，$\mu mg = ma_0$，$a_0 = \mu g$。（1）当 $a_0 \geq a$ 时，滑块先以加速度 a_0 做加速运动，共速后一起再以加速度 a 做减速运动，传送带和小滑块运动的 $v-t$ 图像如图 1-30 甲所示，选项 A 正确，选项 B 错误；（2）当 $a_0 < a$ 时，滑块先以加速度 a_0 做加速运动，共速后滑块、传送带分别以加速度 a_0，a 做减速运动，传送带和小滑块运动的 $v-t$ 图像如图 1-30 乙所示，选项 D 正确，选项 C 错误。

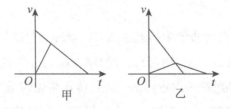

图 1-30

【教学建议】 物块在传送带上的运动具有不确定性，解决此类问题时，必须先进行受力分析确定物体受力情况，再判断物体运动情况，最后应用物理规律解决问题。若学生学有余力，教学中可对题中的问题从三方面做纵深拓展，一是求滑块在加速过程中相对传送带的滑动距离，二是求滑块在传送带上的"划痕"长度，三是比较"题目分析"中（1）（2）两种情况中滑块运动距离的大小。

20. 如图 1-31 所示，光滑水平面上叠放着物块 a，b，c，质量分别为 m_a =3kg，m_b =2kg，m_c =1kg，它们之间的动摩擦因数均为 0.1，水平力 F 作用在 b 上，不计绳重及其与滑轮间的摩擦，最大静摩擦力等于滑动摩擦力，g 取 10m/s^2，下列说法正确的是（ ）

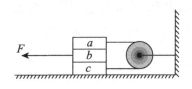

图 1-31

A. 当 F =3N 时，a 与 b 恰好滑动

B. 当 F =5N 时，b，c 间的静摩擦力大小为 2.5N

C. 当 F =7N 时，b，c 间的静摩擦力大小为 3.5N

D. 当 F =9N 时，a 与 b，b 与 c 均发生滑动

【设计意图】主要考查学生的理解能力、推理能力以及分析综合能力，考查内容涉及滑动摩擦力、静摩擦力、牛顿运动定律等。题目利用细绳绕过定滑轮拉着叠放的两个物块，通过水平力 F 作用在第三个物块上来创设问题情景，考查学生运用牛顿第二定律解决叠体、连接体问题的能力，同时考查学生利用整体法、隔离法解决关于摩擦力临界问题的能力，促进学生物理观念的形成和科学推理、科学论证等思维能力的提升。

【题目分析】当 a 与 b 恰好滑动，对 a，绳子拉力 $T = f_{ba} = \mu m_a g = 3\text{N}$，对 a，b，c 有 $F = 2T = 6\text{N}$，对 b 有 $f_{cb} = F - f_{ba} = 3\text{N} < f_m = 5\text{N}$，故当 F =6N 时，a 与 b 恰好滑动，选项 A 错误；当 F =5N 时，a，b，c 不发生滑动，根据平衡条件，b，c 间的静摩擦力大小为 2.5N，选项 B 正确；同理，b 与 c 恰好发生滑动时，对 a，c 分别有 $T - f_{ba} = m_a a$，$f_m - T = m_c a$，代入解得 a =0.5m/s²，对 b 有 $F - f_{ba}$ $-f_m = m_b a$，代入解得 F =9N 时，选项 D 正确；当 F =7N 时，a，b 发生滑动，b，c 相对静止，对 b，c 有 $F - T - f_{ba} = (m_b + m_c)a$，对 a 有 $T - f_{ba} = m_a a$，代入解得 $a = \dfrac{1}{6}\text{m/s}^2$，对 b 有 $F - f_{cb} - f_{ba} = m_b a$，代入解得 $f_{cb} = \dfrac{2}{3}\text{N}$，选项 C 错误。

【教学建议】对于叠体或连接体的模型，不管是"动态平衡问题"还是"非平衡问题"，解决时常常用到整体法和隔离法，整体法选取的对象视解决的问题而定，隔离原则与前述相同。另外，要特别注意若光滑水平面上叠体两物块，其接触面间的最大静摩擦力为 μmg，当施加在上面物块的水平力为 $F = \mu mg$ 时，两物块不一定发生相对滑动，要考量系统是否有加速度。

21. 如图 1-32 所示，足够长的斜面体 C 静置于粗糙水平地面上，物块 a 正沿着斜面体匀速下滑。现按图示方式①（F 水平）和②（F 垂直斜面）分别对 a 施加一大小不变的力 F，在 a 运动到最低点之前，C 均保持静止，物块 a 按方式①与②下滑过程中，下列说法正确的是（ ）

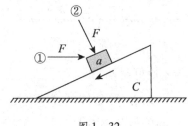

图 1-32

A. 方式①物块加速度较大

B. 方式②物块加速度较大

C. 方式①水平地面对 C 的摩擦力较大

D. 方式②水平地面对 C 的摩擦力较大

【设计意图】主要考查学生的理解能力、推理能力以及分析综合能力，考查内容涉及力的合成和分解、滑动摩擦力、静摩擦力、牛顿运动定律等。题目利用正沿斜面体匀速下滑的物块被施加一大小为 F 的力，通过改变力的方向来创设问题情景，考查学生运用牛顿运动定律、力的合成和分解等知识分析解决问题的能力，促进学生物理观念的形成和科学推理、科学论证等思维能力的提升。

【题目分析】设斜面的倾角为 θ，物块 a 匀速下滑时，根据平衡条件 $mg\sin\theta = \mu mg\cos\theta$，可得 $\mu = \tan\theta$。当力 F 按方式①作用时，$F\cos\theta + \mu(F\sin\theta + mg\cos\theta) - mg\sin\theta = ma_1$，可得 $a_1 = \dfrac{F\cos\theta + \mu F\sin\theta}{m}$；当力 F 按方式②作用时，$\mu(F + mg\cos\theta) - mg\sin\theta = ma_2$，同理可得 $a_2 = \dfrac{\mu F}{m}$，由上可得 $\dfrac{a_1}{a_2} =$

$\dfrac{F\cos\theta + \mu F\sin\theta}{\mu F} = \dfrac{\cos\theta + \mu\sin\theta}{\mu} = \dfrac{\cos^2\theta + \sin^2\theta}{\sin\theta} = \dfrac{1}{\sin\theta} > 1$，选项 A 正确，B

错误。在纸面内不管是哪种方向的力，只要该力在垂直斜面向下方向上有分

量 ΔF，就会在沿斜面方向上增加滑动摩擦力 $\Delta f = \mu\Delta F$，因为 $\mu = \tan\theta$，故 Δf

与 ΔF 的合力方向竖直向下，如图 1-33 所示，斜面体 C 相对水平面没有左右

滑动的趋势，摩擦力为零，选项 C、D 错误。

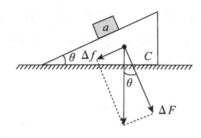

图 1-33

【教学建议】对于水平地面对 C 的摩擦力问题，可以帮学生总结后作为

"二级结论"。不管力 F 在竖直平面内发生任何角度的变化，只要物体沿斜面

向下运动，水平地面对 C 的摩擦力就为零。若学生学有余力，还可以拓展到

斜面体 C 对水平面的压力问题，即超失重问题。

22. 如图 1-34 所示，粗糙水平地面上有倾角为 θ 斜面体 C，物块 a 置于

C 上，a，C 保持静止。现给 a 和 C 一个向右的共同初速度，已知运动过程 a，

C 间的摩擦力恰好为零，重力加速度为 g，由此可知（　　　）

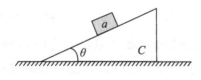

图 1-34

A. a，C 间的动摩擦因数为 $\cos\theta$

B. a，C 间的动摩擦因数为 $\dfrac{1}{\tan\theta}$

C. C 与水平面间的动摩擦因数为 $\sin\theta$

D. C 与水平面间的动摩擦因数为 $\tan\theta$

【设计意图】主要考查学生的理解能力、推理能力以及分析综合能力，考

查内容涉及滑动摩擦力、静摩擦力、力的合成和分解、牛顿第二定律等。题

目借助物块＋斜面体组成"动态"斜面模型，通过模型的"动态点"来创设问题情景，考查学生运用定律及规律解决问题的能力，促进学生物理观念的形成和科学推理、科学论证等思维能力的提升。

【题目分析】 设 a，C 间的动摩擦因数为 μ_1，物块 a 置于 C 上，a，C 保持静止，可知 $mg\sin\theta \leqslant \mu_1 mg\cos\theta$，可得 $\mu_1 \geqslant \tan\theta$，动摩擦因数 μ_1 大小不确定，故选项 A、B 错误；当 a，C 间的摩擦力为零时，物块 a 受力如图 1-35 所示，根据牛顿第二定律有 $m_a g\tan\theta = m_a a_a$。设 C 与水平面间的动摩擦因数为 μ，同理对 a，C 系统 $\mu(m_a + m_C)g = (m_a + m_C)a_C$，又有 $a_a = a_C$，代入解得 $\mu = \tan\theta$，选项 C 错误，选项 D 正确。

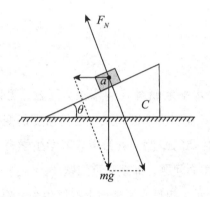

图 1-35

【教学建议】 若学生学有余力，可对原题做如下讨论：当 $\mu < \tan\theta$ 时，物块 a 受力如图 1-36 甲所示，分解加速度后，在平行斜面方向，根据牛顿第二定律 $mg\sin\theta - F_f = m \cdot \mu g\cos\theta$，可得 $F_f = mg(\sin\theta - \mu\cos\theta)$，静摩擦力随着 μ 的减小而增大，即当 $0 \leqslant \mu < \tan\theta$ 时，相应静摩擦力范围 $0 < F_f \leqslant mg\sin\theta$。当 $\mu > \tan\theta$ 时，物块 a 受力如图 1-36 乙所示，同理，在平行斜面方向 $mg\sin\theta + F_f = m \cdot \mu g\cos\theta$，在垂直斜面方向 $F_N - mg\cos\theta = m \cdot \mu g\sin\theta$，可得 $F_f = mg(\mu\cos\theta - \sin\theta)$，静摩擦力随着 μ 的增大而增大。当物块 a 相对斜面恰要上滑时，$mg\sin\theta + \mu_1(mg\cos\theta + \mu mg\sin\theta)$

$= \mu mg\cos\theta$，代入整理可得 $\mu = \dfrac{\sin\theta + \mu_1\cos\theta}{\cos\theta - \mu_1\sin\theta}$，此时摩擦力 $F_{fm} = \mu_1 mg\cos\theta +$

$\dfrac{(\sin\theta + \mu_1\cos\theta)}{(\cos\theta - \mu_1\sin\theta)}\mu_1 mg\sin\theta = \dfrac{\mu_1 mg}{\cos\theta - \mu_1\sin\theta}$（设最大静摩擦力等于滑动摩擦力），故

当 $\tan\theta < \mu \leqslant \dfrac{\sin\theta + \mu_1\cos\theta}{\cos\theta - \mu_1\sin\theta}$ 时，相应静摩擦力的范围 $0 < F_f < \dfrac{\mu_1 mg}{\cos\theta - \mu_1\sin\theta}$。

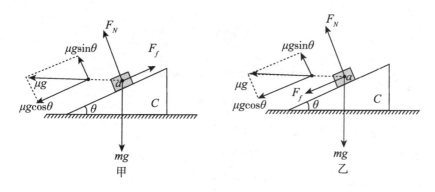

图 1-36

也可以做进一步的拓展：给 a 和 C 一个向左的共同初速度。如图 1-37 所示，沿平行斜面方向 $F_f - mg\sin\theta = m \cdot \mu g\cos\theta$，垂直斜面方向 $mg\cos\theta - F_N = m \cdot \mu g\sin\theta$，整理可得 $F_f = mg\sin\theta + \mu mg\cos\theta$，$F_N = mg\cos\theta - \mu mg\sin\theta$，当 μ 从零开始增大的一段时间内，物块所受静摩擦力增大，支持力减小，当支持力减小到某一值时，物块相对斜面要下滑（设最大静摩擦力等于滑动摩擦力），此时 $\mu_1 F_N = F_f$，代入解得 $\mu = \dfrac{\mu_1\cos\theta - \sin\theta}{\mu_1\sin\theta + \cos\theta}$，再代入 $F_f = mg\sin\theta + \mu mg\cos\theta$，整理可得 $F_f = \dfrac{\mu_1 mg}{\mu_1\sin\theta + \cos\theta}$，故当 $0 < \mu < \dfrac{\mu_1\cos\theta - \sin\theta}{\mu_1\sin\theta + \cos\theta}$ 时，相应静摩擦力的范围 $mg\sin\theta < F_f < \dfrac{\mu_1 mg}{\mu_1\sin\theta + \cos\theta}$。

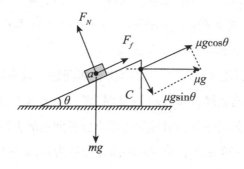

图 1-37

23. 如图 1-38 所示，质量均为 m 的长方体物块 a，b 叠放在足够长固定斜面 c 上，a 与 b，b 与 c 间的动摩擦因数分别为 μ_1，μ_2。现给 a，b 沿斜面向上的相同速度，a，b 在上滑、下滑过程中均保持相对静止。已知重力加速度为 g，设上滑、下滑过程中 a，b 间的摩擦力分别为 f_1，f_2，则（　　）

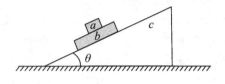

图 1 - 38

A. $f_1 = \mu_1 mg\cos\theta$ ，方向沿斜面向上

B. $f_1 = \mu_2 mg\cos\theta$ ，方向沿斜面向下

C. $f_2 = \mu_2 mg\cos\theta$ ，方向沿斜面向上

D. $f_2 = \mu_1 mg\cos\theta$ ，方向沿斜面向下

【设计意图】主要考查学生的理解能力、推理能力以及分析综合能力，考查内容涉及静摩擦力、滑动摩擦力、牛顿运动定律及其应用等。题目借助学生熟悉的斜面模型、叠体模型，通过设置叠体 a，b 上滑、下滑来变换情景，考查学生运用牛顿运动定律解决静摩擦力相关问题的能力，重点考查学生利用整体法、隔离法解决动力学问题的能力，旨在促进学生运动与相互作用观念的形成以及科学思维能力的提升。

【题目分析】根据牛顿第二定律，上滑过程对 a，b 有 $2mg\sin\theta + \mu_2 \cdot 2mg\cos\theta = 2ma_1$，对 a 有 $mg\sin\theta + f_1 = ma_1$，代入解得 $f_1 = \mu_2 mg\cos\theta$，方向沿斜面向下，选项 A 错误，选项 B 正确。同理，下滑过程对 a，b 有 $2mg\sin\theta - \mu_2 \cdot 2mg\cos\theta = 2ma_2$，对 a 有：$mg\sin\theta - f_2 = ma_2$，代入解得 $f_2 = \mu_2 mg\cos\theta$，方向沿斜面向上，选项 D 错误，选项 C 正确。

【教学建议】利用牛顿第二定律解决叠体问题，常常用到整体法、隔离法，教学中可做适当拓展，如当 $\mu_2 = 0$ 时，则 $f_1 = f_2 = 0$，且知 $\mu_1 \geq 0$，也可以小专题形式进行拓展分析，引导学生学会分析问题的方法。

示例：如图 1 - 39 所示，若 a,b 的质量分别为 m,M，b 与斜面均足够长，静止释放 a,b，设最大静摩擦力等于滑动摩擦力，讨论如下：

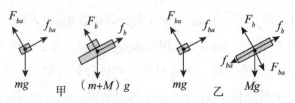

图 1 - 39

1. **物块 a, b 均静止**：$\mu_1 \geq \tan\theta$，$\mu_2 \geq \tan\theta$

a, b 受力分析如图 1-39 甲所示，对 a 有 $mg\sin\theta \leq \mu_1 mg\cos\theta$，对系统有 $(m+M)g\sin\theta \leq \mu_2(m+M)g\cos\theta$，整理可得 $\mu_1 \geq \tan\theta$，$\mu_2 \geq \tan\theta$。

2. **物块 a, b 均下滑**

(1) a 比 b 快：$\mu_1 < \mu_2$，且 $\mu_2 < \tan\theta$

若 a 比 b 快，则 a, b 受力如图 1-39 乙所示，根据平衡条件，对 a 有 $mg\sin\theta - \mu_1 mg\cos\theta = ma_a$，对 b 有 $Mg\sin\theta + \mu_1 mg\cos\theta - \mu_2(m+M)g\cos\theta = Ma_b$，又有 $a_a > a_b$，整理可得 $\mu_1 < \mu_2$，且有 $\mu_2 < \tan\theta$。

(2) a 比 b 慢：不存在

若 a 比 b 慢，则受力如图 1-40 甲所示，则由图结合牛顿第二定律可知 $a_a > a_b$，与假设矛盾，假设不成立。

(3) a, b 一起加速：$\mu_1 \geq \mu_2$，且 $\mu_2 < \tan\theta$

若 a, b 一起向下加速运动，设 a 受到的静摩擦力方向沿斜面向上，则 a, b 受力如图 1-40 乙所示，根据牛顿第二定律，对系统有 $(m+M)g\sin\theta - \mu_2(m+M)g\cos\theta = (m+M)a$，对 a 有 $mg\sin\theta - f_{ba} = ma$，代入整理可得 $f_{ba} = \mu_2 mg\cos\theta$，假设成立。由上面分析可知 $\mu_2 < \tan\theta$，又有 $f_{ba} = \mu_2 mg\cos\theta \leq \mu_1 mg\cos\theta$，即 $\mu_1 \geq \mu_2$。

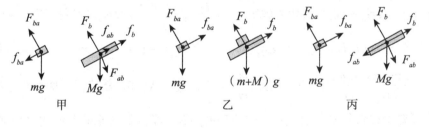

图 1-40

3. **物块 a 下滑 b 静止**：$\mu_1 < \tan\theta \leq \mu_2$

a, b 受力分析如图 1-40 丙所示，对 a 有 $mg\sin\theta > \mu_1 mg\cos\theta$，解得 $\mu_1 < \tan\theta$，要使 b 静止，只需满足 $Mg\sin\theta \leq \mu_2 Mg\cos\theta$，解得 $\mu_2 \geq \tan\theta$，此时有 $Mg\sin\theta + \mu_1 mg\cos\theta \leq \mu_2(m+M)g\cos\theta$，物块 b 处于静止状态。

24. 如图 1-41 所示，物块 a, b 叠放在光滑的水平桌面上，轻绳一端跨过光滑定滑轮按图示甲、乙方式连着 b, a，另一端分别连着物块 c_1, c_2，轻绳与桌面平行，静止释放 c_1，c_2 时，a，b 恰好相对滑动，已知 a，b 间的动摩擦因数 $\mu = 0.5$，质量 $m_b = 2m_a$，最大静摩擦力等于滑动摩擦力，则物块 c_1，c_2 的质量之比 $\dfrac{m_{c_1}}{m_{c_2}}$ 为（　　　）

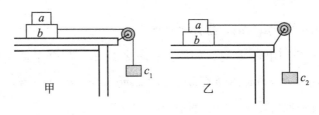

图 1 - 41

A. 1　　　　　　B. 2　　　　　　C. 3　　　　　　D. 4

【设计意图】主要考查学生的理解能力、推理能力以及分析综合能力，考查内容涉及滑动摩擦力、牛顿运动定律及其应用等。题目借助学生熟悉的板块模型、连接体模型，通过改变轻绳左端连接的物体，设置"恰好相对滑动"为临界条件，考查学生运用规律、定律解决问题的能力，重点考查学生能否利用整体法、隔离法解决动力学问题，旨在促进学生运动与相互作用观念的形成以及科学思维能力的提升。

【题目分析】轻绳按图 1 - 41 甲缠绕，对 a 有 $\mu m_a g = m_a a_1$，对 b，c_1 有 $m_{c_1} g - \mu m_a g = (m_b + m_{c_1}) a_1$，代入解得 $m_{c_1} = \dfrac{\mu(m_a + m_b)}{1 - \mu} = 3m_a$。轻绳按图 1 - 41 乙缠绕，同理，对 b 有 $\mu m_a g = m_b a_2$，对 a，c_2 有 $m_{c_2} g - \mu m_a g = (m_a + m_{c_2}) a_2$，可得 $m_{c_2} = \dfrac{\mu m_a (m_a + m_b)}{m_b - \mu m_a} = m_a$。因此，$\dfrac{m_{c_1}}{m_{c_2}} = 3$，选项 A、B、D 错误，选项 C 正确。

【教学建议】解决有关连接体模型的问题，学生经常犯的典型错误是把绳子的拉力当成悬挂着的物体的重力，而有效做法是"隔离"开两个物体，受力分析后分别利用规律列公式。对于叠体模型，寻找"滑"与"不滑"的临界条件是能否成功解决问题的关键，教学中可以找来实物进行直观演示，让学生直观体会。另外，对于题目中甲、乙两种方式，教学中要引导学生在"解决问题"中比较它们的相同点和不同点。

25.①如图 1 - 42 甲所示，物块 a，b 叠放在光滑的水平桌面上，轻绳一端跨过光滑定滑轮连着物块 b，另一端连着物块 c，轻绳与桌面平行，静止释

放 c 或按图 1-42 乙所示把 c 换为拉力 F 时，a，b 均恰好相对滑动，已知 a，b 间的动摩擦因数 $\mu = 0.5$，质量 $m_b = 2m_a$，假设最大静摩擦力等于滑动摩擦力，则 c 的重力与拉力 F 大小之比 $\dfrac{G_c}{F}$ 为（　　）

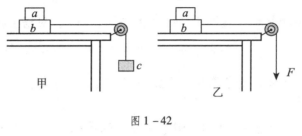

图 1-42

A. 1　　　　　　B. 2　　　　　　C. 3　　　　　　D. 4

25. ②如图 1-43 甲所示，物块 a，b 叠放在光滑的水平桌面上，轻绳一端跨过光滑定滑轮连着物块 a，另一端连着物块 c，轻绳与桌面平行，静止释放 c 或按图 1-43 乙所示把 c 换为拉力 F 时，a，b 均恰好相对滑动，已知 a，b 间的动摩擦因数 $\mu = 0.5$，质量 $m_b = 2m_a$，假设最大静摩擦力等于滑动摩擦力，则 c 的重力与拉力 F 大小之比 $\dfrac{G_c}{F}$ 为（　　）

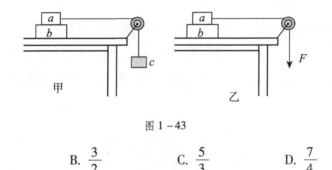

图 1-43

A. $\dfrac{4}{3}$　　　　　B. $\dfrac{3}{2}$　　　　　C. $\dfrac{5}{3}$　　　　　D. $\dfrac{7}{4}$

【设计意图】主要考查学生的理解能力、推理能力以及分析综合能力，考查内容涉及滑动摩擦力、牛顿运动定律及其应用等。题目借助学生熟悉的板块模型、连接体模型，通过设置"恰好相对滑动"为临界条件，再把物块 c 换为拉力 F 以变换情景，考查学生运用规律、定律解决问题的能力，重点考查学生能否利用整体法、隔离法解决动力学问题，旨在促进学生运动与相互作用观念的形成以及科学思维能力的提升。

【题目①分析】绳按图 1-42 甲缠绕，对 a 有：$\mu m_a g = m_a a$，对 b，c 有

$m_c g - \mu m_a g = (m_b + m_c) a$，代入解得 $m_c = \dfrac{\mu (m_a + m_b)}{1 - \mu} = 3m_a$。若把物块 c 换成力 F，同理，对 b：$F - \mu m_a g = m_b a$，可得 $F = \mu (m_a + m_b) g = 1.5 m_a g$，则 $\dfrac{G_c}{F} = 2$。故选项 A、C、D 错误，选项 B 正确。

【题目②分析】 绳子按图 1–43 甲缠绕时，对 b，根据牛顿第二定律有 $\mu m_a g = m_b a$，对 a，c，同理有 $m_c g - \mu m_a g = (m_a + m_c) a$，代入可得 $m_c = \dfrac{\mu m_a (m_a + m_b)}{m_b - \mu m_a} = m_a$。若把物块 c 换成力 F，同理，对 a 有 $F - \mu m_a g = m_a a$，代入可得 $F = \dfrac{3}{2} \mu m_a g = \dfrac{3}{4} m_a g$，则 $\dfrac{G_c}{F} = \dfrac{4}{3}$。故选项 B、C、D 错误，选项 A 正确。

【教学建议】 对于"叠体 + 连接体"和"叠体"模型，最重要的是要让学生弄明白绳子悬挂重物与直接用力拉绳子两种方式的不同，教学过程中要大胆把时间交给学生，充分引导学生利用"整体法"和"隔离法"解决问题，有条件的话可以进行模拟演示。对于题目中甲、乙两种方式，教学中还要引导学生在"解决问题"中比较它们的相同点和不同点，特别要注重对不同点进行归纳总结。

26.①如图 1–44 所示，倾角为 θ 的粗糙斜面上有物块 a，b，质量分别为 m，M，它们与斜面间的动摩擦因数分别为 μ_1，μ_2，在沿斜面向上的恒力 F 作用下一起向上运动，已知重力加速度为 g，则 a，b 间的相互作用力大小为（ ）

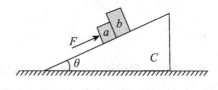

图 1–44

A. $\dfrac{M}{m + M} F + \dfrac{mMg(\mu_2 - \mu_1)\cos\theta}{m + M}$

B. $\dfrac{M}{m + M} F + \dfrac{mMg(\mu_1 - \mu_2)\cos\theta}{m + M}$

C. $\dfrac{M}{m+M}F + \dfrac{mMg(\mu_2 - \mu_1)\sin\theta}{m+M}$

D. $\dfrac{M}{m+M}F + \dfrac{mMg(\mu_1 - \mu_2)\sin\theta}{m+M}$

26. ②如图 1 – 45 所示，倾角为 θ 的粗糙斜面上有物块 a，b，质量分别为 m，M，与斜面间的动摩擦因数分别为 μ_1，μ_2，沿斜面向上的恒力 F 作用在 b 上，使 a，b 一起向上运动，已知 a，b 间的细线与斜面平行，重力加速度为 g，则细线的张力大小 T_{ab} 为（　　　）

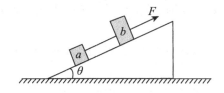

图 1 – 45

A. $\dfrac{m}{m+M}F + \dfrac{mMg(\mu_2 - \mu_1)\cos\theta}{m+M}$

B. $\dfrac{m}{m+M}F + \dfrac{mMg(\mu_1 - \mu_2)\cos\theta}{m+M}$

C. $\dfrac{m}{m+M}F + \dfrac{mMg(\mu_2 - \mu_1)\sin\theta}{m+M}$

D. $\dfrac{m}{m+M}F + \dfrac{mMg(\mu_1 - \mu_2)\sin\theta}{m+M}$

【设计意图】主要考查学生的理解能力、推理能力以及分析综合能力，考查内容涉及力的合成与分解、滑动摩擦力、牛顿运动定律及其应用等。题目借助学生熟悉的斜面模型、连接体模型，通过设置"一般化"的问题情景，使问题的解决更加具有普遍性，考查学生运用物理规律、定律解决问题的能力，重点考查学生利用整体法、隔离法解决动力学问题的能力，旨在促进学生运动与相互作用观念的形成以及科学思维能力的提升。

【题目①分析】设 a，b 间的作用力为 F_{ab}，根据牛顿第二定律，对 a，b 整体有 $F - \mu_1 mg\cos\theta - \mu_2 Mg\cos\theta - (m+M)g\sin\theta = (m+M)a$，同理，对 b 有 $F_{ab} - \mu_2 Mg\cos\theta - Mg\sin\theta = Ma$，可得 $F_{ab} = \dfrac{M}{m+M}F + \dfrac{mMg(\mu_2 - \mu_1)\cos\theta}{m+M}$，选项 A 正确，选项 B、C、D 错误。

【题目②分析】设细线张力的大小为 T_{ab}，根据牛顿第二定律，对 a,b 整体有 $F - \mu_1 mg\cos\theta - \mu_2 Mg\cos\theta - (m + M)g\sin\theta = (m + M)a$，同理，对 a 有 $T_{ab} - \mu_1 mg\cos\theta - mg\sin\theta = ma$，代入可求得细线张力的大小 $T_{ab} = \dfrac{m}{m + M}F + \dfrac{mMg(\mu_1 - \mu_2)\cos\theta}{m + M}$，选项 B 正确，选项 A、C、D 错误。

该题解法与题①类似，不同点在于运用隔离法时隔离对象不同（原则相同：选取受力少的），细线拉力的大小类比于物块 a,b 间相互作用力的大小。与题①不同的是，当 $\mu_1 < \mu_2$ 时，$T_{ab} < \dfrac{m}{m + M}F$；当 $\mu_1 > \mu_2$ 时，$T_{ab} > \dfrac{m}{m + M}F$。

【教学建议】对 a,b 间相互作用力的大小 $F_{ab} = \dfrac{M}{m + M}F + \dfrac{mMg(\mu_2 - \mu_1)\cos\theta}{m + M}$，可做适当的讨论拓展，形成一些"二级结论"。

（1）当 $\theta = 0°$，即 $\cos\theta = 1$ 时，木块 a,b 间相互作用力的大小 $F_{ab} = \dfrac{M}{m + M}F + \dfrac{mMg(\mu_2 - \mu_1)}{m + M}$；

（2）当 $\theta = 90°$ 时，$\cos\theta = 0$，木块 $A，B$ 一起竖直向上运动，此时 $a，b$ 间相互作用力的大小 $F_{ab} = \dfrac{M}{m + M}F$；

（3）当 $\mu_1 = \mu_2$ 时，此时 $a，b$ 间相互作用力的大小 $F_{ab} = \dfrac{M}{m + M}F$；

（4）当 $\mu_1 < \mu_2$ 时，$F_{ab} > \dfrac{M}{m + M}F$；

（5）当 $\mu_1 > \mu_2$ 时，$F_{ab} < \dfrac{M}{m + M}F$。

27. 轻弹簧的一端固定在光滑斜面的底部，另一端和质量为 $2m$ 的小物块 a 相连，质量为 m 的小物块 b 紧靠 a 静止在斜面上，如图 1-46 甲所示。现对 b 施加沿斜面向上的外力，使 b 做匀加速直线运动，通过传感器测出外力 F 与 b 向上运动距离 x 的变化关系如图 1-46 乙所示。若弹簧始终在弹性限度内，下列说法正确的是（　　）

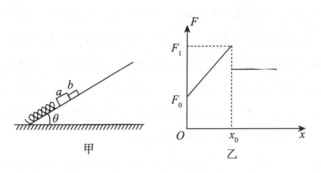

图 1 - 46

A. b 的加速度大小为 $\dfrac{F_0}{m}$

B. F 作用 $\sqrt{\dfrac{6mx_0}{F_0}}$ 时间后 a，b 分离

C. 弹簧的劲度系数为 $\dfrac{F_1 - F_0}{x_0}$

D. a，b 分离时 a 的速度大小为 $\sqrt{\dfrac{F_0 x_0}{3m}}$

【设计意图】主要考查学生的理解能力、推理能力以及分析综合能力，考查内容涉及匀变速直线运动规律、牛顿运动定律及其应用、胡克定律等。该题是对 2017 年海南高考物理卷第 14 题计算题的改编，题目借助弹簧模型、斜面模型、连接体模型，结合图像设置问题背景，考查学生运用物理规律解决问题的能力，重点考查学生利用整体法、隔离法灵活解决问题的能力，同时考查学生获取图像信息的能力，促进学生物理观念和科学思维的形成和发展。

【题目分析】当小物块 a，b 静止在斜面上时，根据胡克定律 $k\Delta L = 3mg\sin\theta$，当对 b 施加沿斜面向上的外力后，根据牛顿第二定律 $F + k(\Delta L - x) - 3mg\sin\theta = 3ma$，整理可得 $F = kx + 3ma$，结合图 1 - 46 乙，b 的加速度大小为 $\dfrac{F_0}{3m}$，弹簧的劲度系数为 $\dfrac{F_1 - F_0}{x_0}$，选项 A 错误，选项 C 正确；由图 1 - 46 乙知 b 向上运动距离 x_0 时 a，b 分离，根据匀变速直线运动规律 $x_0 = \dfrac{1}{2}at^2$，$\nu = at$ 代入解得 $t = \sqrt{\dfrac{6mx_0}{F_0}}$，$\nu = \sqrt{\dfrac{2F_0 x_0}{3m}}$，选项 B 正确，选项 D 错误。

【教学建议】胡克定律 $F = -k\Delta x$，"$-$"号表示弹力的方向与弹簧形变的方向相反，k 为弹簧的劲度系数，它由材料的性质决定。解决斜面上连接体问题常常运用整体法和隔离法，斜面上连接体（挤压接触）分离的临界条件是它们之间的相互作用力为零，教学中在这个点的突破上不要吝惜时间，若学校实验室有力传感器，建议进行模拟演示。另外，利用图像解决问题一定要画出相应的运动情景图，并做好基础性工作。

28. 如图 1－47 所示，小车侧壁上 A，B 两点间距离与轻绳 BC 等长，轻绳 AC 长为 BC 的 $\sqrt{2}$ 倍，两绳在 C 点相结并系一质量为 m 的小球，绳能承受的最大拉力均为 $2mg$，g 为重力加速度，球视为质点。下列说法正确的是（ ）

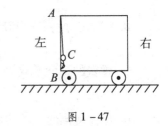

图 1－47

A. 当车以加速度 g 向左减速时，绳 AC 拉力大小为 $\sqrt{2}mg$

B. 当车以加速度 $2g$ 向右减速时，绳 AC 拉力大小为 $\sqrt{2}mg$

C. 当车以加速度 $3g$ 向左加速时，绳 BC 恰被拉断，然后绳 AC 也被拉断

D. 当车以加速度 $g \sim 3g$ 向左加速时，绳 BC 的拉力大小与加速度大小成正比

【设计意图】主要考查学生的理解能力、推理能力以及分析综合能力，考查内容涉及力的合成和分解、匀变速直线运动规律、牛顿运动定律及其应用等。题目借助小车和两根轻绳设置问题情景，考查学生运用牛顿运动定律解决临界类问题的能力，促进学生物理观念和科学思维的形成和发展。

【题目分析】当车以加速度 g 向左减速时，水平方向上小车对球的支持力 $F_N = ma = mg$，竖直方向绳 AC 拉力大小为 mg，选项 A 错误；当绳子 BC 刚要拉直时，绳子 AC 与竖直方向夹角 $\theta = 45°$，对球有 $mg\tan\theta = ma$，可得 $a = g$，即小车以加速度 g 向左加速或向右减速时绳子 BC 刚要拉直。因此，当车以加速度 $2g$ 向右减速时，绳子 BC 已经拉直，小球受力如图 1－48 所示，竖直方向 $\dfrac{mg}{T_{AC}} = \sin 45°$，可得 $T_{AC} = \sqrt{2}mg$，选项 B 正确；当车以加速度 $3g$

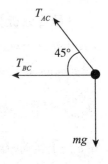

图 1－48

向左加速时，水平方向 $T_{BC} + mg\tan 45° = 3mg$ ，可得 $T_{BC} = 2mg$ ，绳 BC 恰被拉断，此时 $T_{AC} = \sqrt{(mg)^2 + (ma)^2} = \sqrt{10}mg$ ，绳 AC 也被拉断，选项 C 正确；当车以加速度 $g \sim 3g$ 向左加速时，水平方向 $T_{BC} + mg\tan 45° = ma$ ，即 $T_{BC} = ma - mg$ ，绳 BC 的拉力大小与加速度大小成线性关系，选项 D 错误。

【教学建议】 运用牛顿第二定律解决动力学问题时，力一般沿加速度方向和垂直加速度方向进行分解。临界类问题常常出现"刚好""恰好"等字眼，对于轻绳类的临界点，常出现在"有无拉力"和"最大拉力"两个状态上。还要注意不要将加速度方向（合力方向）和速度方向（运动方向）混淆。

四、曲线运动

29.①做平抛运动的物体，沿初速度方向通过连续相等两段距离，动能的增加量 $\dfrac{\Delta E_{k1}}{\Delta E_{k2}}$ 一定满足（　　）

A. $\dfrac{1}{3} \leqslant \dfrac{\Delta E_{k1}}{\Delta E_{k2}} < 1$　　　　　　　B. $\dfrac{1}{3} < \dfrac{\Delta E_{k1}}{\Delta E_{k2}} \leqslant 1$

C. $0 < \dfrac{\Delta E_{k1}}{\Delta E_{k2}} < 1$　　　　　　　D. $0 < \dfrac{\Delta E_{k1}}{\Delta E_{k2}} \leqslant 1$

29.②做平抛运动的物体，沿加速度方向通过连续相等两段距离，动量的增加量 $\dfrac{\Delta p_1}{\Delta p_2}$ 一定满足（　　）

A. $1 < \dfrac{\Delta p_1}{\Delta p_2} \leqslant \sqrt{2} + 1$　　　　　　B. $1 \leqslant \dfrac{\Delta p_1}{\Delta p_2} < \sqrt{2} + 1$

C. $0 < \dfrac{\Delta p_1}{\Delta p_2} < 1$　　　　　　　D. $0 < \dfrac{\Delta p_1}{\Delta p_2} \leqslant 1$

【设计意图】 主要考查学生的理解能力和推理能力，考查内容涉及运动的合成与分解、抛体运动、动能定理等。题目取常见平抛运动模型设置情景问题，以"纵横"两个维度通过相同"距离"来设计问题，情景较为新颖，考查学生运用定理和平抛运动规律解决问题的能力，促进学生物理观念和科学思维的形成和发展。

【题目①分析】 做平抛运动的物体，沿初速度方向通过连续相等距离所用时间相同，则沿加速度方向通过的距离之比为 $1:3:5\cdots$ ，根据动能定理 $\Delta E_k =$

$mg\Delta h$，动能的增加量正比于下落的高度，因此，沿初速度方向通过连续相等两段距离之比最开始为 $\dfrac{1}{3}$，最后接近 1，故选项 A 正确，选项 B、C、D 错误。

【题目②分析】做平抛运动的物体，沿加速度方向通过连续相等距离所用时间之比为 $1:(\sqrt{2}-1):(\sqrt{3}-\sqrt{2})\cdots$，根据动量定理 $\Delta p = mg\Delta t$，沿加速度方向通过连续相等两段距离所用时间之比最开始为 $\dfrac{1}{\sqrt{2}-1}=\sqrt{2}+1$，最后接近 1，故选项 A 正确，选项 B、C、D 错误。

【教学建议】解决平抛运动的基本思路是速度沿两个方向进行分解，一是沿加速度方向，该方向做匀变速直线运动，二是沿垂直加速度方向，该方向做匀速直线运动。动能是标量，是状态量，动能的增量等于合外力做的功，合外力做的功是过程量，是合力对空间的累积效应；动量是矢量，也是状态量，动量的增量等于合外力的冲量，是合力对时间的累积效应。

30. 如图 1-49 甲所示为投掷实心球的动作分解图，图 1-49 乙是某同学相继两次投掷实心球时球的运动轨迹，其中 O 点是投出点，a，b 点分别是第 1 次和第 2 次投掷时球运动轨迹的最高点。忽略空气阻力，下列关于两次投掷的说法正确的是（　　）

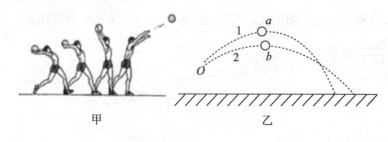

甲　　　　　乙

图 1-49

A. 球离手时速度 $v_{02} > v_{01}$

B. 球在空中运动时间 $t_1 > t_2$

C. 球到 a，b 点的速度 $v_a > v_b$

D. 球落地时重力的功率 $P_1 > P_2$

【设计意图】主要考查学生的理解能力、推理能力以及分析综合能力，考查内容涉及运动的合成与分解、抛体运动等。题目以投掷实心球项目为问题背景，考查学生的建模能力以及运用平抛运动规律解决实际问题的能力，培养学生热爱体育运动，增强体育健康的意识，促进学生物理观念和科学思维的形成和发展。

【题目分析】质点做斜抛运动，可以看成是由两个平抛运动组合而成。如图乙所示，两次投掷实心球，最高点 a 比 b 高，可见球在空中运动时间 $t_1 > t_2$，选项 B 正确；根据运动的合成与分解，球离手到最高点，水平方向 $v_{0x} = \dfrac{x}{t}$，且 $x_2 > x_1$，$t_1 > t_2$，故球到 a，b 点的速度 $v_a < v_b$，选项 C 错误；球离手到最高点，竖直方向 $v_{0y}^2 = 2gh$，可知 $v_{0y1} > v_{0y2}$，球离手时速度 $v_0 = \sqrt{v_{0x}^2 + v_{0y}^2}$，可见两次投掷球离手时速度大小无法确定，选项 A 错误；球落地时重力的功率 $P = mgv\cos\theta$，θ 为重力与速度方向的夹角，即 $P = mgv_y$，因 $v_{y1} > v_{y2}$，故选项 D 正确。

【教学建议】虽然高考《考纲》对斜抛运动的考查只作"定性要求"，但斜抛运动可以看成是由两个平抛运动组成，因此，对其进行"定量"考查并不超纲，教学中反而要对其进行"擦边"训练，同时，对学生身边熟悉的球类项目，如铅球、足球、篮球、排球、乒乓球等，要做归类处理。

31. 我国将于 2022 年举办冬奥会，跳台滑雪是其中最具观赏性的项目之一，如图 1−50 所示为简化跳台滑雪的雪道示意图，助滑坡由长度 55 m 的斜面 AB（倾角 $\theta = 37°$）和半径 25 m 的光滑圆弧 BC 组成，两者相切于 B 点，过圆弧最低点 C

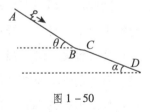

图 1−50

的切线水平，CD 为着陆坡（倾角 $\alpha = 30°$）。一运动员连同滑板（整体可视为质点）从 A 点由静止滑下，到 C 点以 $v_C = 26$ m/s 的速度水平飞出，不计空气阻力，重力加速度 $g = 10$ m/s²，$\sin 37° = 0.6$。关于该运动员，下列说法正确是（   ）

A. 经过 C 处时对轨道的压力约为其重力的 2.7 倍

B. 在 B 点的速度大小为 24 m/s

C. 在斜面 AB 上的运动时间约为 4.6 s

D. 运动员落在着陆坡时的速度大小与 C 点的速度 v_C 大小成正比

【设计意图】主要考查学生的理解能力、推理能力以及分析综合能力，考查内容涉及匀变速直线运动及其公式、运动的合成与分解、抛体运动、牛顿运动定律、圆周运动的向心力等。题目以冬奥会跳台滑雪项目为背景，植入斜面模型、圆周运动模型、平抛模型，考查学生运用物理定理、规律、定律灵活解决问题的能力，培养学生热爱体育活动，增强体育健康的意识，促进学生物理观念和科学思维的形成和发展。

【题目分析】运动员经过 C 处，根据牛顿第二定律和圆周运动规律 $F_C - mg = m\dfrac{v_C^2}{r}$，代入解得 $F_C \approx 3.7mg$，根据牛顿第三定律，压力 $F_C' = F_C \approx 3.7mg$，选项 A 错误；B 到 C，根据动能定理 $mgr(1 - \cos37°) = \dfrac{1}{2}mv_C^2 - \dfrac{1}{2}mv_B^2$，代入解得 $v_B = 24\text{m/s}$，选项 B 正确；根据匀变速直线运动规律 $x_{AB} = \dfrac{v_B}{2}t$，代入解得 $t = 4.6\text{s}$，选项 C 正确；根据平抛运动规律，任意时刻速度与初速度夹角的正切值等于位移与初速度的夹角正切值的 2 倍，即 $\tan\alpha = 2\tan\theta$（θ，α 分别为任意时刻位移、速度与初速度的夹角），因斜面倾角相同，可见落到斜面上速度与初速度夹角相同，则 $v = \dfrac{1}{\cos\alpha}v_C$，选项 D 正确。

【教学建议】以体育项目为背景材料的题目，要引导学生依据问题情景构建物理模型。对于直线运动的位移规律，不能死记公式，要根据已知量选择合适公式解决。对于圆周运动的向心力问题，做好受力分析是解决问题的关键，重力是学生经常"熟视无睹"的力，教学中要多次重复强调。解决平抛运动的基本思路是速度沿两个方向进行分解，一是沿加速度方向，该方向做匀变速直线运动，二是沿垂直加速度方向，该方向做匀速直线运动。平抛运动有两个重要推论，一是任意时刻 $\tan\alpha = 2\tan\theta$（θ，α 分别为任意时刻位移、速度与初速度的夹角），二是任意时刻速度方向的反向延长线一定过此时水平位移的中点。

32. 如图 1-51 所示，一小球以速度 v_0 从 P 点斜向上抛出，经过 M 点时速度方向水平向左。现将小球以速度 $2v_0$ 从 P 点以同样方向抛出，小球经过空中 N 点（未画出），已知 P，M，N 三点在同一直线上，忽略空气阻力，下列说法正确的是（　　）

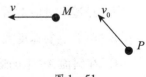

图 1-51

A. 小球经过 N，M 点时速度之比为 $2 : 1$

B. 小球从 P 点运动到 N，M 点的时间之比为 $2 : 1$

C. P 点到 N，M 点的水平距离之比为 $2 : 1$

D. P 点到 N，M 点的竖直距离之比为 $2 : 1$

【设计意图】主要考查学生的理解能力、推理能力以及分析综合能力，考查内容涉及匀变速直线运动及其公式、运动的合成与分解、抛体运动等。题目取斜抛运动（逆向看是平抛运动）轨迹上的两个特殊点并设置两个运动轨迹"三点共线"来创设问题情景，考查学生运用物理定理和规律灵活解决问题的能力，促进学生物理观念和科学思维的发展。

【题目分析】如图 $1-52$ 所示，逆着运动方向看，小球从 M 点到 P 点做平抛运动，根据平抛运动推论：任意时刻 $\tan\alpha = 2\tan\theta$（θ，α 分别为任意时刻位移、速度与初速度的夹角），因 θ 相同，则 α 相同，故可以判定小球经过空中 N 点时速度方向水平向左。同理，小球从 N 点到 P 点做平抛运动，根据平抛运动规律 $v_x = v_0\cos\alpha$，$v_y = v_0\sin\alpha = gt$，则小球经过 N，M 点时速度之比为 $v_{xN} : v_{xM} = 2 : 1$，$t_N : t_M = 2 : 1$，选项 A，B 正确；P 点到 N，M 点的水平距离为 $x = v_x t$，代入可得 $x_{PN} : x_{PM} = 4 : 1$，P 点到 N，M 点的竖直距离 $y = \dfrac{v_y}{2}t$，代入可得 $y_{PN} : y_{PM} = 4 : 1$，选项 C，D 错误。

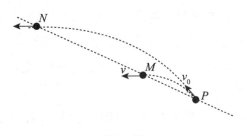

图 $1-52$

【教学建议】若斜抛运动的末速度方向水平，则逆着运动方向看应是平抛运动，可见"倒行逆施"法往往是快速解决斜抛问题的抓手。小球在同一位置做不同的平抛运动，若末位置与抛出点的连线共线，实际上就是小球在同一竖直面内的"斜面"上做不同的平抛运动；题目中小球的运动，本质上就是小球在同一竖直面内的"斜面"上的不同位置做落点相同的平抛运动，由此可见抓住本质才是解决问题的关键。教学中要不厌其烦地引导学生看清平抛运动的本质特点。

33. 如图 1-53 所示，运动员甲在高 H 处的 O 点以水平初速度 v_1 击出网球，球沿轨迹 OCA 擦网而过，运动员乙在 A 点击回网球，球沿轨迹 $ADCBO$ 运动到 O 点时速度为 v_2，方向水平。已知球运动轨迹在垂直球网（网高 h）的同一竖直平面内，球与地面碰撞时无能量损失，不计空气阻力。下列说法正确的是（　　）

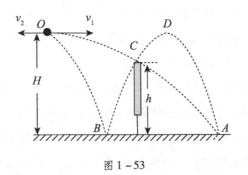

图 1-53

A. $v_1 : v_2 = 3 : 1$

B. $H : h = 3 : 2$

C. OB 与 CA 的水平距离之比 $x_{OB} : x_{CA} = 2 : 3$

D. 球先后经过 C 点时重力的功率之比 $P_1 : P_2 = 3 : 1$

【设计意图】主要考查学生的理解能力、推理能力以及分析综合能力，考查内容涉及运动的合成与分解、抛体运动等。题目以网球运动项目为问题背景，考查学生的建模能力以及运用平抛规律解决实际问题的能力，引导学生增强体育健康意识，培养学生热爱体育运动的习惯，促进学生物理观念和科学思维的形成和发展。

【题目分析】斜抛运动可以看成是反向的平抛运动，平抛运动的时间由高度决定，网球做平抛运动的时间相同，水平射程 $x_{OA} = 3x_{OB}$，故 $v_1 : v_2 = 3 : 1$，选项 A 正确；设球从 O 到 A，C 到 A（或 C 到 B）的时间分别为 t_1，t_2，根据距离关系有 $\dfrac{2}{3}v_1 t_1 = v_1 t_2 + v_2 t_2$，解得 $t_1 = 2t_2$，根据匀变速运动规律 $\dfrac{H-h}{h} = \dfrac{1}{3}$，故 $\dfrac{H}{h} = \dfrac{4}{3}$，选项 B 错误；$OB$ 的水平距离 $x_{OB} = v_2 t_1$，CA 的水平距离 $x_{CA} = v_2(2t_1 - t_2)$，代入解得 $x_{OB} : x_{CA} = 2 : 3$，选项 C 正确；重力的功率 $P = mgv\cos\theta$，θ 为重力与速度方向的夹角，即 $P = mgv_y$，因 v_y 相同，故 $P_1 : P_2 = 1 : 1$，选项

D 错误。

【教学建议】斜抛运动往往可以看成是反向的平抛运动，运动的对称性是解决抛体问题的常用方法，解决运动类问题常常从空间和时间两个维度上寻求关系。虽然高考《考纲》对斜抛运动的考查只作"定性要求"，但教学中要对其进行"擦边"训练，特别是大考之前要对"冷考点"适当进行"热处理"。

34. ①如图 1 - 54 所示，质量相等的物块 a 和 b（视为质点）沿半径方向放在水平圆盘上，并用细线相连，b 到转轴 OO' 的距离为 a 的 2 倍，与圆盘的最大静摩擦力均为物块重力的 k 倍。若圆盘从静止开始缓慢加速转动到 a，b 一起刚好要发生滑动，关于此过程，下列说法正确的是（　　）

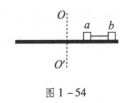

图 1 - 54

A. a 所受摩擦力一直增大

B. b 所受摩擦力先增大后保持不变

C. 细线刚绷紧时，b 所受摩擦力是 a 的 2 倍

D. a，b 刚好要发生滑动时剪断细线，两物块均做离心运动

34. ②如图 1 - 54 所示，质量均为 m 物块 a 和 b（视为质点）沿半径方向放在水平圆盘上，并用细线相连，a，b 到转轴 OO' 的距离分别为 l，$2l$，与圆盘的最大静摩擦力为物块重力的 k 倍，重力加速度大小为 g。若圆盘的角速度 ω 从 0 开始缓慢增大至 a，b 一起刚好要发生滑动的过程中，下列说法正确的是（　　）

A. 细线刚绷紧时，圆盘的角速度 $\omega = \sqrt{\dfrac{kg}{2l}}$

B. 细线刚绷紧时，a 所受摩擦力大小为 $\dfrac{1}{2}kmg$

C. a，b 一起刚好要发生滑动时，圆盘的角速度 $\omega = \sqrt{\dfrac{2kg}{3l}}$

D. a，b 一起刚好要发生滑动时，细线所受拉力大小为 $\dfrac{1}{3}kmg$

E. 圆盘从开始转动到细线刚绷紧时，摩擦力对 a 做功 $\dfrac{1}{4}kmgl$

F. 圆盘从开始转动到细线刚绷紧时，摩擦力对 b 做功 $kmgl$

G. 从细线刚绷紧到 a，b 刚要发生滑动时，摩擦力对 a 做功 $\frac{1}{12}kmgl$

H. 从细线刚绷紧到 a，b 刚要发生滑动时，摩擦力对 b 做功 $\frac{1}{3}kmgl$

34.③如图 1−54 所示，质量均为 m 的物块 a 和 b（视为质点）沿半径方向放在水平圆盘上，并用细线相连，a，b 到转轴 OO' 的距离分别为 l，$2l$，与圆盘的最大静摩擦力为物块重力的 k 倍，重力加速度大小为 g。若圆盘从静止开始缓慢加速转动到 a，b 一起刚好要发生滑动的过程中，下列关于 a，b 所受摩擦力大小与角速度平方 ω^2 的关系图像正确的是（　　）

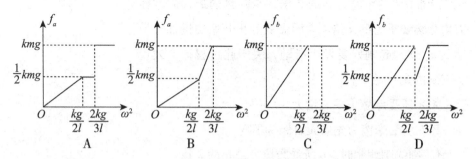

【设计意图】主要考查学生的理解能力、推理能力以及分析综合能力，考查内容涉及匀速圆周运动的向心力、离心现象、滑动摩擦力、静摩擦力、牛顿运动定律、功和动能定理等。题目以圆周运动为情景模型，利用轻绳连接两物块，放置在同一圆盘的某一半径上，然后让圆盘缓慢转动来创设问题，"立体"考查学生运用定理、定律解决实际问题的能力，促进学生物理观念和科学思维的形成和发展。

【题目①②③分析】物块 a 和 b 的最大静摩擦力相等，而 b 需要的向心力较大，圆盘从静止开始缓慢加速转动，若没有细线时，b 比 a 先滑动，故当细线刚绷紧时，对 b 有 $kmg = m\omega^2 \cdot 2l$，代入可得 $\omega = \sqrt{\frac{kg}{2l}}$。当 a，b 刚好要发生滑动时，对 a，b 分别有 $kmg - T = m\omega^2 l$，$kmg + T = m\omega^2 \cdot 2l$，代入可得 $\omega = \sqrt{\frac{2kg}{3l}}$，细线拉力 $T = \frac{1}{3}kmg$。故当 $0 < \omega \leqslant \sqrt{\frac{kg}{2l}}$ 时，a，b 所受摩擦力大小为 $f_a = ml\omega^2$，$f_b = 2ml\omega^2$，圆盘从开始转动到细线刚绷紧时，根据动能定理，摩擦力分别对 a，b 做功 $W_a = \frac{1}{2}m(\omega l)^2 = \frac{1}{4}kmgl$，$W_b = \frac{1}{2}m(2\omega l)^2 = kmgl$。当

$\sqrt{\dfrac{kg}{2l}} < \omega \le \sqrt{\dfrac{2kg}{3l}}$ 时，对 a，b 分别有 $f_a - T = m\omega^2 l$，$kmg + T = m\omega^2 \cdot 2l$，代入可

得 $f_a = 3ml\omega^2 - kmg$，$T = 2ml\omega^2 - kmg$，即 f_a 介于 $\dfrac{1}{2}kmg \sim kmg$，T 介于 $0 \sim \dfrac{1}{3}$

kmg，而 b 的摩擦力保持 kmg 不变。从细线刚绷紧到 a，b 刚要发生滑动时，

细线拉力总是跟速度方向垂直，故不做功，同理，摩擦力分别对 a，b 做功 W_a

$= \dfrac{1}{2}m(\omega_2^2 l^2 - \omega_1^2 l^2) = \dfrac{1}{12}kmgl$，$W_b = \dfrac{1}{2}m\left[\omega_2^2(2l)^2 - \omega_1^2(2l)^2\right] = \dfrac{1}{3}kmgl$。

题目①答案 ABC，题目②答案 ABCDEFGH，题目③答案 BC。

【教学建议】 解决圆盘（水平面）上的圆周运动的抓手是寻找临界点，对于物块，通常是由静摩擦力提供向心力，静摩擦力会随着转盘转速的增大而增大，因此当静摩擦力增大到最大静摩擦力时转盘转速达到临界转速。对于轻绳，拉力从无到有或者从有到无时往往就是临界条件。另外，转盘对物块的静摩擦力方向不一定指向圆心，只有在匀速转动或"缓慢"的情况下，转盘对物块的静摩擦力方向才指向圆心。

35. ①如图 1-55 所示，水平盘上沿半径方向放着用细线相连的质量相等的物体 A 和 B，它们分居圆心两侧，到圆心距离分别为 $R_A = r$，$R_B = 2r$，与盘面的动摩擦因数均为 μ，最大静摩擦力等于滑动摩擦力，若圆盘从静止开始缓慢加速转动到 A，B 一起刚好要发生滑动的过程中，下列说法正确的是（　　）

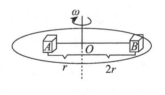

图 1-55

选项组一

A. A 所受摩擦力先增大后减小

B. B 所受摩擦力先增大后保持不变

C. 细线刚绷紧时，B 所受摩擦力是 A 的 2 倍，方向相反

D. A，B 一起刚好要发生滑动时剪断细线，A 仍相对盘静止，B 将做离心运动

选项组二

A. 细线刚绷紧时，圆盘的角速度 $\omega = \sqrt{\dfrac{\mu g}{2r}}$

B. 细线刚绷紧时，圆盘的角速度 $\omega = \sqrt{\dfrac{\mu g}{r}}$

C. a 所受摩擦力大小为 0 时，圆盘的角速度 $\omega = \sqrt{\dfrac{\mu g}{r}}$

D. a，b 一起刚好要发生滑动时，圆盘的角速度 $\omega = \sqrt{\dfrac{2\mu g}{r}}$

选项组三

A. 圆盘从开始转动到细线刚绷紧时，摩擦力对 a 做功 $\dfrac{1}{4}\mu mgr$

B. 圆盘从开始转动到细线刚绷紧时，摩擦力对 b 做功 μmgr

C. 从细线刚绷紧到 a 所受摩擦力大小为 0 时，摩擦力对 a 做功 $\dfrac{1}{4}\mu mgr$

D. 从细线刚绷紧到 a 所受摩擦力大小为 0 时，摩擦力对 b 做功 μmgr

E. 从 a 所受摩擦力大小为 0 到 a，b 刚要发生滑动时，摩擦力对 a 做功 $\dfrac{1}{2}\mu mgr$

F. 从 a 所受摩擦力大小为 0 到 a，b 刚要发生滑动时，摩擦力对 b 做功 $2\mu mgr$

35. ②如图 1-55 所示，水平盘上沿半径方向放着用细线相连的质量相等的物体 A 和 B，它们分居圆心两侧，到圆心距离分别为 $R_A = r$，$R_B = 2r$，与盘面的动摩擦因数均为 μ，最大静摩擦力等于滑动摩擦力，若圆盘从静止开始缓慢加速转动到 A，B 一起刚好要发生滑动的过程中，下列关于 a，b 所受摩擦力大小与角速度平方 ω^2 的关系图像，正确的是（　　）

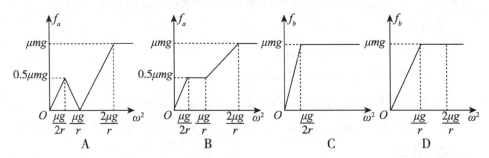

【设计意图】 主要考查学生的理解能力、推理能力以及分析综合能力，考查内容涉及匀速圆周运动的向心力、离心现象、滑动摩擦力、静摩擦力、牛顿运动定律、功和动能定理等。题目以圆周运动为情景模型，利用一轻绳连接两物块，放置在圆盘上分居圆心两侧的直径上来创设问题，"立体"考查学

生运用定理、定律解决实际问题的能力，促进学生物理观念和科学思维的形成和发展。

【题目分析】 物块 A，B 的最大静摩擦力相等，若 A，B 间没有细绳，则 B 比 A 先滑动，当 B 刚要滑动时有 $\mu mg = m\omega^2 \cdot 2r$，可得 $\omega = \sqrt{\dfrac{\mu g}{2r}}$。当 $0 < \omega \leqslant \sqrt{\dfrac{\mu g}{2r}}$ 时，A，B 的静摩擦力分别为 $f_A = mr\omega^2 = 0 \sim \dfrac{\mu mg}{2}$，$f_B = 0 \sim \mu mg$，方向均指向圆心。

绳绷紧后分别对 A，B，根据牛顿第二定律有 $f_A + T = m\omega^2 r$，$\mu mg + T = 2m\omega^2 r$，代入可得 $f_A = \mu mg - m\omega^2 r$，当 $f_A = 0$ 时可得 $\omega = \sqrt{\dfrac{\mu g}{r}}$，故当 $\sqrt{\dfrac{\mu g}{2r}} < \omega \leqslant \sqrt{\dfrac{\mu g}{r}}$ 时，A，B 的静摩擦力分别为 $f_A = \mu mg - m\omega^2 r$，$f_B = \mu mg$，细绳的拉力 $T = 2m\omega^2 r - \mu mg$，代入可得 $f_A = \dfrac{\mu mg}{2} \sim 0$，$f_B = \mu mg$，方向均指向圆心，$T = 0 \sim \mu mg$。

物块 A，B 刚好要发生滑动时，同理，对 A，B 有 $T - \mu mg = m\omega^2 r$，$\mu mg + T = 2m\omega^2 r$，可得 $\omega = \sqrt{\dfrac{2\mu g}{r}}$，故当 $\sqrt{\dfrac{\mu g}{r}} < \omega \leqslant \sqrt{\dfrac{2\mu g}{r}}$ 时，对 A 有 $T - f_A = m\omega^2 r$，对 B 有 $\mu mg + T = 2m\omega^2 r$，可得 $f_A = m\omega^2 r - \mu mg$，方向背离圆心；$f_B = \mu mg$，方向指向圆心。细绳的拉力 $T = 2m\omega^2 r - \mu mg$，即 $f_A = 0 \sim \mu mg$，$f_B = \mu mg$，$T = \mu mg \sim 3\mu mg$。

整个过程，细线拉力总是跟速度方向垂直，不做功，圆盘从开始转动到细线刚绷紧时，根据动能定理，摩擦力分别对 a，b 做功 $W_a = \dfrac{1}{2}m(\omega r)^2 = \dfrac{1}{4}\mu mgr$，$W_b = \dfrac{1}{2}m(2\omega r)^2 = \mu mgr$；从细线刚绷紧到 a 所受摩擦力为 0 时，根据动能定理，摩擦力对 a 做功 $W_a = \dfrac{1}{2}m(\omega_2^2 r^2 - \omega_1^2 r^2) = \dfrac{1}{4}\mu mgr$，同理，摩擦力对 b 做功 $W_b = \dfrac{1}{2}m\left[\omega_2^2(2r)^2 - \omega_1^2(2r)^2\right] = \mu mgr$；从 a 的摩擦力为 0 到 a，b 刚要发生滑动时，摩擦力对 a 做功 $W_a = \dfrac{1}{2}m(\omega_2^2 r^2 - \omega_1^2 r^2) = \dfrac{1}{2}\mu mgr$，同理，摩擦力对 b 做功 $W_b = \dfrac{1}{2}m\left[\omega_2^2(2r)^2 - \omega_1^2(2r)^2\right] = 2\mu mgr$。

题①选项组一答案为 BC，选项组二答案为 ACD，选项组三答案为 ABC-

DEF；题②答案为 AC。

【教学建议】解决圆盘（水平面）上的圆周运动的抓手是寻找临界点，对于物块，物块受到最大静摩擦力通常是转盘达到临界转速的条件。对于轻绳连接的物块分别置于同一直径上圆心两侧的情形，在转盘缓慢加速转动的过程中，物块受到的静摩擦力不但大小会变化，方向也会发生变化，找出临界点并结合受力分析是成功解决这类问题的关键。

36.①如图 1–56 甲所示，质量为 m 的小球用长为 l 的轻绳连接后，绕固定点 O 在竖直面内做完整的圆周运动，经过最低点时轻绳的拉力 F 与小球速率平方 v^2 的关系图像如图 1–56 乙所示。重力加速度为 g，关于图 1–56 乙中 a，b，c 的值，下列判断正确的是（　　）

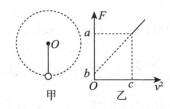

图 1–56

A. $a = 12mg$ \qquad\qquad B. $b = 2mg$

C. $a = 6b$ \qquad\qquad D. $c = 5gl$

36.②如图 1–57 甲所示，小球用不可伸长的轻绳连接后，绕固定点 O 在竖直面内做圆周运动，经过最高点时轻绳的拉力 F 与小球速率平方 v^2 的关系图像如图 1–57 乙所示。已知图线斜率为 k，重力加速度为 g，下列判断正确的是（　　）

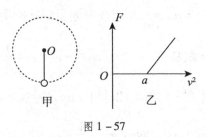

图 1–57

A. 轻绳长度为 $\dfrac{g}{a}$

B. 小球圆周运动的半径为 $\dfrac{a}{g}$

C. 小球质量为 $\dfrac{kg}{a}$

D. 当 $\nu^2 = 2a$ 时，轻绳的拉力大小为 ka

36.③如图 1–57 甲所示，小球用不可伸长的轻绳连接后，绕固定点 O 在竖直面内做圆周运动，经过最高点时轻绳的拉力 F 与小球在最低点的速率平方 ν^2 的关系图像如图 1–57 乙所示。已知图线斜率为 k，重力加速度为 g，下列判断正确的是（　　）

A. 轻绳长度为 $\dfrac{a}{5g}$

B. 小球圆周运动的半径为 $\dfrac{a}{g}$

C. 小球质量为 $\dfrac{ka}{5g}$

D. 当 $\nu^2 = 2a$ 时，轻绳的拉力大小为 ka

【设计意图】主要考查学生的理解能力、推理能力以及分析综合能力，考查内容涉及匀速圆周运动的向心力、牛顿运动定律、功、动能定理、功能关系、机械能守恒定律等。题目借助典型的"线—球"模型，植入竖直平面内非匀速圆周运动问题情景，通过变换考量对象（ $F_{低}-\nu^2_{低}$，$F_{高}-\nu^2_{高}$，$F_{高}-\nu^2_{低}$ ）考查学生准确获取图像信息并利用其解决问题的能力，同时考查学生运用定理、定律解决实际问题的能力，促进学生物理观念和科学思维的形成和发展。

【题目①分析】小球恰能经过最高点，根据牛顿第二定律，在最高点、最低点有 $mg = m\dfrac{\nu^2_{临}}{l}$，$F - mg = m\dfrac{\nu^2}{l}$，整理可得 $\nu_{临} = \sqrt{gl}$，$F = mg + m\dfrac{\nu^2}{l}$，从最低点到最高点，根据机械能守恒定律 $\dfrac{1}{2}m\nu^2 = \dfrac{1}{2}m\nu^2_{临} + 2mgl$①，代入解得 $F = 6mg$②，$\nu^2 = 5gl$，故 $a = 6mg$，$c = 5gl$。当 $\nu^2 = 0$ 时，代入①式可得 $b = mg$，故选项 A、B 错误，C、D 正确。

【题目②分析】设轻绳的长度为 l，小球在最高点，根据牛顿第二定律 $F + mg = m\dfrac{\nu^2}{l}$，整理可得 $F = m\dfrac{\nu^2}{l} - mg$，结合图像 $m\dfrac{a}{l} = mg$，可得轻绳长度 $l = r = \dfrac{a}{g}$，故选项 A 错误，B 正确。由图线斜率为 k，结合上式有 $k = \dfrac{m}{l}$，可得

$m = \dfrac{ka}{g}$，选项 C 错误；当 $v^2 = 2a$ 时，代入可得轻绳的拉力大小为 $F = m\dfrac{v^2}{l} - mg = ka$，故选项 D 正确。

【题目③分析】 设轻绳的长度为 l，小球在最高点，根据牛顿第二定律 $F + mg = m\dfrac{v^2_{高}}{l}$，从最低点到最高点，根据机械能守恒定律 $\dfrac{1}{2}mv^2 = \dfrac{1}{2}mv^2_{高} + 2mgl$，整理可得 $F = m\dfrac{v^2}{l} - 5mg$，结合图像 $m\dfrac{a}{l} = 5mg$，可得轻绳长度 $l = r = \dfrac{a}{5g}$，故选项 A 正确，B 错误。由图线斜率为 k，结合上式有 $k = \dfrac{m}{l}$，可得 $m = \dfrac{ka}{5g}$，选项 C 正确；当 $v^2 = 2a$ 时，代入可得轻绳的拉力大小为 $F = m\dfrac{v^2}{l} - 5mg = ka$，故选项 D 正确。

【教学建议】 "线－球"模型是用轻绳拉力或光滑圆轨道内侧束缚小球在竖直平面内做非匀速圆周运动，教学中要引导学生归纳总结以下几个特点：1. 小球过最高点的临界速度为 $\sqrt{gr}$，此时过最低点的速度为 $\sqrt{5gr}$，绳子或圆轨道的弹力为 $6mg$。2. 要使小球运动过程中不脱离轨道，则在最低点的速度必须满足 $0 < v \leqslant \sqrt{2gr}$ 或 $v \geqslant \sqrt{5gr}$，此时绳子或圆轨道相应的弹力分别为 $mg < F \leqslant 3mg$ 或 $F \geqslant 6mg$。3. 若小球能做完整的圆周运动，则在绳子或圆轨道最低点和最高点的弹力相差 $6mg$。

37.①如图 1－58 甲所示，质量为 m 的小球在竖直放置的光滑圆形管道内做半径为 r 的完整圆周运动，球的直径略小于管道内径，经过最低点时管道对小球作用力 F 与小球速率平方 v^2 的关系图像如图 1－58 乙所示。重力加速度为 g，则下列说法中正确的是（ 　　 ）

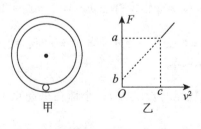

图 1－58

A. $a = 6mg$ 　　　 B. $b = 1.2mg$ 　　　 C. $a = 5b$ 　　　 D. $c = 4gr$

37.②如图 1-59 甲所示，小球在竖直放置的光滑圆形管道内做圆周运动，球的直径略小于管道内径，经过最高点时管道对小球作用力 F 与小球速率平方 v^2 的关系图像如图 1-59 乙所示。取竖直向下为 F 的正方向，a，b 已知，重力加速度为 g，则下列说法中正确的是（   ）

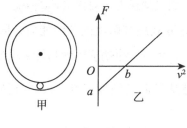

图 1-59

A. 小球质量为 $\dfrac{a}{g}$

B. 小球圆周运动的半径为 $\dfrac{b}{g}$

C. 当 $v^2 = 2b$ 时，管道对小球的弹力大小为 a

D. 当 $F = a$ 时，小球在最低点的速率为 $2\sqrt{b}$

37.③如图 1-60 甲所示，小球在竖直放置的光滑圆形管道内做圆周运动，球的直径略小于管道内径，经过最高点时管道对小球作用力 F 与小球在最低点的速率平方 v^2 关系图像如图 1-60 乙所示。取竖直向下为 F 的正方向，a，c 已知，重力加速度为 g，则下列说法中正确的是（   ）

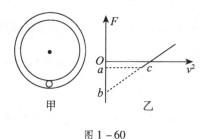

图 1-60

A. $b = 5a$

B. 小球质量为 $\dfrac{a}{g}$

C. 小球做圆周运动的半径为 $\dfrac{c}{5g}$

D. 当 $v^2 = 2c$ 时，球对管道作用力大小为 $5a$

【设计意图】主要考查学生的理解能力、推理能力以及分析综合能力，考查内容涉及匀速圆周运动的向心力、牛顿运动定律、功、动能定理、功能关系、机械能守恒定律等。题目借助典型的"杆－球"模型，植入竖直平面内非匀速圆周运动问题情景，通过变换考量对象（$F_{低}-v^2_{低}$，$F_{高}-v^2_{高}$，$F_{高}-v^2_{低}$）考查学生准确获取图像信息并利用其解决问题的能力，同时考查学生运用定理、定律解决实际问题的能力，促进学生物理观念和科学思维的形成和发展。

【题目①分析】小球从最低点到最高点，根据机械能守恒定律有 $\frac{1}{2}mv^2 = \frac{1}{2}mv^2_{高} + 2mgr$，在最低点，根据牛顿第二定律有 $F - mg = m\frac{v^2}{r}$，整理可得 $F = m\frac{v^2_{高}}{r} + 5mg$，当 $v_{高} = 0$ 时，$v^2 = 4gr = c$，$F = 5mg = a$，故选项 A 错误，D 正确；当 $v^2 = 0$ 时，代入可得 $F = mg = b$，由上可知 $a = 5b$，故选项 B 错误，C 正确。

【题目②分析】设小球圆周运动半径为 r，在最高点，根据牛顿第二定律有 $F + mg = m\frac{v^2}{r}$，整理可得 $F = m\frac{v^2}{r} - mg$，当 $v^2 = 0$ 时，代入可得 $F = -mg = a$，即 $m = \frac{-a}{g}$，故选项 A 错误；当 $F = 0$ 时，代入可得 $m\frac{b}{r} = mg$，代入可得 $r = \frac{b}{g}$，故选项 B 正确；当 $v^2 = 2b$ 时，代入可得管道对小球的弹力大小为 $F = m\frac{2b}{r} - mg = mg = -a$，故选项 C 错误；当 $F = a$ 时，小球在最高点的速度为 0，根据机械能守恒有 $\frac{1}{2}mv^2_{低} = \frac{1}{2}mv^2 + 2mgr$，代入解得当 $v_{低} = \sqrt{4gr} = 2\sqrt{b}$，故选项 D 正确。

【题目③分析】设小球圆周运动半径为 r，在最高点，根据牛顿第二定律有 $F + mg = m\frac{v^2_{高}}{r}$，从最低点到最高点，根据机械能守恒定律 $\frac{1}{2}mv^2 = \frac{1}{2}mv^2_{高} + 2mgr$，整理可得 $F = m\frac{v^2}{r} - 5mg$，结合图像可得 $m\frac{c}{r} = 5mg$，因此小球运动的半径为 $r = \frac{c}{5g}$，故选项 C 正确；当 $v_{高} = 0$ 时，有 $F = a = -mg$，代入可得 $m =$

$\dfrac{-a}{g}$，故选项 B 错误；当 $v^2=0$ 时，有 $F=b=-5mg=5a$，故选项 A 正确；当

$v^2=2c$ 时，有 $F=m\dfrac{2c}{r}-5mg=10mg-5mg=5mg=-5a$，故选项 D 错误。

【教学建议】"杆－球"模型是用轻杆或光滑环形管道来束缚小球在竖直平面内做非匀速圆周运动，教学中要引导学生归纳总结其特点：①小球过最高点的临界速度为 0，此时小球过最低点的速度大小为 $\sqrt{4gr}$，轻杆或光滑环形管的弹力大小为 $5mg$。②当球在最低点的速度满足 $\sqrt{4gr}\leq v<\sqrt{5gr}$ 时，在最高点轻杆或管道对球的弹力为支持力，速度越大，支持力越小；当球在最低点的速度满足 $v=\sqrt{5gr}$，在最高点轻杆或管道对球的弹力为 0；当球在最低点的速度满足 $v>\sqrt{5gr}$ 时，在最高点轻杆或管道对球的弹力为拉力，速度越大，拉力越大。③当球在最低点的速度满足 $\sqrt{4gr}\leq v<\sqrt{5gr}$ 时，则轻杆或管道在最低点和最高点的弹力大小相差 $4mg\sim6mg$；当球在最低点的速度满足 $v>\sqrt{5gr}$ 时，则轻杆或管道在最低点和最高点的弹力大小相差 $6mg$。

38.①如图 1－61 所示，两根长 l_1，l_2 的细线拴一小球 a，细线另一端分别系在一竖直杆上 O_1，O_2 处，当竖直杆以某一角速度范围 $\omega_1\sim\omega_2$ 转动时，小球 a 保持图示位置不变做匀速圆周运动，下列说法正确的是（　　）

A. 竖直杆以角速度 ω_1 匀速转动时，细线 l_1，l_2 均有拉力

B. 竖直杆以角速度 ω_1 匀速转动时，细线 l_1 有拉力 l_2 无拉力

C. 竖直杆以角速度 ω_2 匀速转动时，细线 l_1，l_2 均有拉力

D. 竖直杆以角速度 ω_2 匀速转动时，细线 l_2 有拉力 l_1 无拉力

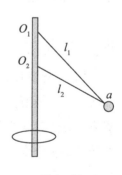

图 1－61

38.②如图 1－61 所示，两根长 l_1，l_2 的细线拴一小球 a，细线另一端分别系在一竖直杆上 O_1，O_2 处，当竖直杆以某一角速度范围 $\omega_1\sim\omega_2$ 转动时，小球 a 保持图示位置不变做半径为 r 的圆周运动，已知 $l_1=\dfrac{5}{3}r$，$l_2=\dfrac{5}{4}r$，则 $\dfrac{\omega_1}{\omega_2}$ 为（　　）

A. $\dfrac{1}{2}$　　　　B. $\dfrac{3}{5}$　　　　C. $\dfrac{3}{4}$　　　　D. $\dfrac{4}{5}$

【设计意图】 主要考查学生的理解能力、推理能力以及分析综合能力，考查内容涉及匀速圆周运动的向心力、牛顿运动定律等。题目以"杆－线－球"素材为背景，植入水平面内匀速圆周运动模型，通过"两根细线"来产生问题情景，考查学生运用定理、定律解决实际问题的能力，促进学生物理观念和科学思维的形成和发展。

【题目①分析】 设细线与竖直杆的夹角为 θ，小球 a 做圆周运动的半径为 r，根据牛顿第二定律有 $mg\tan\theta = m\omega^2 r$，可得小球做圆周运动的角速度 $\omega = \sqrt{\dfrac{g\tan\theta}{r}}$，细线 l_1，l_2 与竖直杆的夹角 $\theta_1 < \theta_2$，可见竖直杆以角速度 ω_1 匀速转动时，细线 l_1 有拉力，l_2 无拉力，选项 A 错误，B 正确；竖直杆以角速度 ω_2 匀速转动时，细线 l_2 有拉力，l_1 无拉力，选项 C 错误，D 正确。

【题目②分析】 设细线与竖直杆的夹角为 θ，根据牛顿第二定律有 $mg\tan\theta = m\omega^2 r$，可得小球做圆周运动的角速度 $\omega = \sqrt{\dfrac{g\tan\theta}{r}}$，细线 l_1，l_2 与竖直杆的夹角 $\theta_1 < \theta_2$，可见当角速度为 ω_1 时，细线 l_1 绷紧，细线 l_2 松弛，此时 $\tan\theta_1 = \dfrac{3}{4}$；当角速度为 ω_2 时，细线 l_2 绷紧，细线 l_1 松弛，此时 $\tan\theta_2 = \dfrac{4}{3}$，综合可得 $\dfrac{\omega_1}{\omega_2} = \sqrt{\dfrac{\tan\theta_1}{\tan\theta_2}} = \dfrac{3}{4}$，故选项 C 正确，A、B、D 错误。

【教学建议】 轻杆转动通过细线带动小球在水平面内做匀速圆周运动"杆－线－球"模型，教学中着力引导学生寻找临界条件，教师可按"题目分析"提供的方法引导学生，也可以想象轻杆从静止开始转动，让学生了解两根细线的"前世今生"，通过"定格"特殊位置并作出示意图来帮助学生找出临界点。

39. 如图 1－62 所示为探究平抛运动规律的装置，用小锤 A 击打金属弹片 B，弹片把小球从 O 点水平弹出，落在水平面上的 P 点，O，P 两点的水平距离为 x_0。忽略空气阻力，保持 x_0 不变，要使球落到 P 点的动能最小，小球平抛高度 H 应为（　　）

A. $\dfrac{x_0}{4}$　　　　B. $\dfrac{x_0}{3}$　　　　C. $\dfrac{x_0}{2}$　　　　D. x_0

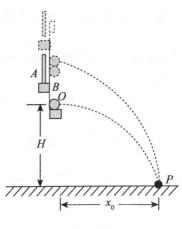

图 1-62

【设计意图】 主要考查学生的理解能力、推理能力以及分析综合能力，考查内容涉及抛体运动、动能定理等。题目借助平抛运动规律演示装置，植入平抛运动模型，通过控制水平距离不变改变竖直高度来产生问题情景，考查学生运用定理、定律解决实际问题的能力，同时考查学生运用数学知识解决问题的能力，促进学生物理观念和科学思维的形成和发展。

【题目分析】 小球从 O 运动到 P 的过程，根据动能定理有 $mgH = E_k - \dfrac{1}{2}mv_0^2$，根据平抛规律 $x_0 = v_0 t$，$H = \dfrac{1}{2}gt^2$，联立可得 $E_k = \dfrac{mgx_0^2}{4H} + mgH$，当 $\dfrac{mgx_0^2}{4H} = mgH$，即 $H = \dfrac{x_0}{2}$ 时，E_k 最小，最小值为 mgx_0。

【教学建议】 求物理量的极值和最值问题是高中物理教学的难点，也是高考中的热点，教学中特别是高三备考复习过程中，一定要精选一定数量的题目，以小专题形式进行针对性练习，利用数学知识解决高中物理中的极值和最值问题，常用的数学知识有二次函数、不等式、三角函数等。

1. 利用二次函数 $y = ax^2 + bx + c$ 的性质求极值，当 $a > 0$ 时，则当 $x = -\dfrac{b}{2a}$ 时，y 有最小值，即 $y_{\min} = \dfrac{4ac - b^2}{4a}$，当 $a < 0$ 时，则当 $x = -\dfrac{b}{2a}$ 时，y 有最大值，即 $y_m = \dfrac{4ac - b^2}{4a}$。

2. 利用不等式的极值定理求极值，不等式的极值定理：x，$y \in \mathbf{R}_+$，设 $x + y = S$，$xy = P$，如果 P 是定值，那么当且仅当 $x = y$ 时，S 的值最小，最小值

为 $2\sqrt{P}$；如果 S 是定值，那么当且仅当 $x=y$ 时，P 的值最大，最大值为 $\dfrac{S^2}{4}$。

3. 利用三角函数求极值，常用三角方程 $y=A\sin\theta\cos\theta$ 形式，化简为 $y=\dfrac{A}{2}$ $\sin 2\theta$，当 $2\theta=90°$ 时，即 $\theta=45°$ 时，y 有极值 $\dfrac{A}{2}$；还有三角方程 $y=a\sin\theta+b\cos\theta$ 形式，将该方程改写为 $y=\sqrt{a^2+b^2}\,(\cos\alpha\sin\theta+\sin\alpha\cos\theta)$，利用和角公式化简为 $y=\sqrt{a^2+b^2}\sin\,(\theta+\alpha)$，则当 $\theta=90°-\arccos\dfrac{a}{\sqrt{a^2+b^2}}$ 时，y 取最大值 $y=\sqrt{a^2+b^2}$。

五、万有引力与航天

40. 2015 年美国宇航局宣布发现迄今最接近"另一个地球"的系外行星 Kepler452b，称之为"地球的表哥"。已知该行星绕恒星 H 的公转周期为 385 天（地球公转周期为 365 天），质量约是地球质量的 5 倍，恒星 H 的质量和太阳的质量相当，"Kepler452b"与地球均做匀速圆周运动，则"Kepler452b"和地球在各自的公转轨道上运行时（　　　）

A. 所受万有引力之比约为 $5\times\sqrt[3]{\left(\dfrac{365}{385}\right)^4}$

B. 轨道半径之比约为 $\sqrt[3]{\left(\dfrac{385}{365}\right)^2}$

C. 线速度之比约为 $\sqrt[3]{\dfrac{385}{365}}$

D. 向心加速度之比约为 $\left(\dfrac{365}{385}\right)^2$

【设计意图】主要考查学生的理解能力、推理能力以及分析综合能力，考查内容涉及万有引力定律及其应用、环绕速度等。题目以美国宇航局发现的"地球的表哥"为背景素材，植入"双中心天体"模型，考查学生应用定律解决实际问题的能力，同时考查学生的建模能力，引导学生关注世界科技事业的发展，促进学生物理观念和科学思维的形成和发展。

【题目分析】如图 1-63，行星绕恒星做匀速圆周运动，万有引力定律提

供向心力 $G\dfrac{Mm}{r^2}=m\dfrac{4\pi^2}{T^2}r$，可得 $r=\sqrt[3]{\dfrac{GMT^2}{4\pi^2}}$，轨道半径之比约为 $\dfrac{r_b}{r_d}=\sqrt[3]{\left(\dfrac{T_b}{T_d}\right)^2}=$

$\sqrt[3]{\left(\dfrac{385}{365}\right)^2}$，选项 B 正确；行星所受万有引力为 $F=G\dfrac{Mm}{r^2}$，则 $\dfrac{F_b}{F_d}=\dfrac{m_b}{m_d}\left(\dfrac{r_d}{r_b}\right)^2=5$

$\times\sqrt[3]{\left(\dfrac{365}{385}\right)^4}$，选项 A 正确；线速度大小为 $v=\dfrac{2\pi r}{T}$，线速度之比为 $\dfrac{v_b}{v_d}=\dfrac{r_b}{r_d}\dfrac{T_d}{T_b}=$

$\sqrt[3]{\left(\dfrac{385}{365}\right)^2}\times\dfrac{365}{385}=\sqrt[3]{\dfrac{365}{385}}$，选项 C 错误；行星向心加速度大小为 $a=G\dfrac{M}{r^2}$，向心

加速度之比为 $\dfrac{a_b}{a_d}=\left(\dfrac{r_d}{r_b}\right)^2=\sqrt[3]{\left(\dfrac{365}{385}\right)^4}$，选项 D 错误。

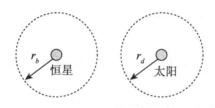

图 1-63

【教学建议】应用万有引力定律解决天体运动问题，切忌乱用公式，一定要审清题意，画出示意图，做好受力分析，然后根据圆周运动的有关规律解决问题。对于绕同一中心天体运行的卫星，完全由万有引力提供向心力，轨道半径越大（越小），向心加速度、线速度、角速度越小（越大），运行周期越大（越小），特别要注意的是向心加速度、线速度是矢量，当方向不同时，矢量一定不同。

41. 假设地球可视为质量均匀分布的球体，已知地球表面在两极、赤道的重力加速度分别为 g_0，g，地球自转的周期为 T，引力常量为 G，下列说法正确的是（　　）

A. 地球的半径为 $\dfrac{(g_0-g)T^2}{4\pi^2}$

B. 地球的第一宇宙速度为 $\dfrac{T}{2\pi}\sqrt{g(g_0-g)}$

C. 地球的密度为 $\dfrac{3\pi g_0}{G(g_0-g)T^2}$

D. 地球卫星的最小周期为 $T\sqrt{\dfrac{(g_0-g)}{g_0}}$

【设计意图】主要考查学生的理解能力、推理能力以及分析综合能力，考查内容涉及万有引力定律及其应用、环绕速度等。题目以描述地球的各项"物理指标"为背景素材，植入匀速圆周运动模型，考查学生应用定律解决实际问题的能力，同时考查学生的建模能力，促进学生物理观念和科学思维的形成和发展。

【题目分析】如图 1-64 甲，设地球的半径为 R，质量为 m 的物体放在两极 $G\dfrac{Mm}{R^2}=mg_0$，物体放在赤道 $G\dfrac{Mm}{R^2}-mg=m\dfrac{4\pi^2}{T^2}R$，可得地球的半径为 $R=\dfrac{(g_0-g)T^2}{4\pi^2}$，选项 A 正确；如图 1-64 乙所示，设地球的第一宇宙速度为 v，则有 $G\dfrac{Mm}{R^2}=mg_0=m\dfrac{v^2}{R}$，可得 $v=\dfrac{T}{2\pi}\sqrt{g_0(g_0-g)}$，选项 B 错误；根据 $\rho=\dfrac{M}{v}$，$v=\dfrac{4}{3}\pi R^3$，结合以上各式，可得地球的密度为 $\dfrac{3\pi g_0}{G(g_0-g)T^2}$，选项 C 正确；近地卫星周期最小，根据 $G\dfrac{Mm}{R^2}=mg_0=m\dfrac{4\pi^2}{T_{\min}^2}R$，代入可得地球卫星的最小周期为 $T_{\min}=T\sqrt{\dfrac{(g_0-g)}{g_0}}$，选项 D 正确。

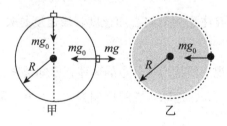

图 1-64

【教学建议】应用万有引力定律解决天体运动，一定要审清题意，画出示意图。要特别注意"天上人间"类问题，"天上"问题，完全由万有引力提供向心力，轨道半径越大（越小），向心加速度、线速度、角速度越小（越大），运行周期越大（越小）；对于"人间"问题，在地球两极上物体重力等于万有引力，在赤道上物体万有引力和支持力的合力提供向心力，物体处在赤道上与第一宇宙速度轨道的半径相同，万有引力相同，但向心力不同，因此根据圆周运动规律，可以比较线速度、加速度、角速度、周期的大小。

42. 宇宙中有相距为 r 的 a，b 两颗星体组成双星系统，它们绕着连线上的某一点做匀速圆周运动，已知星体 a 的周期为 T，引力常量为 G，则 a，b 两颗星体（　　）

A. 角速度之和为 $\dfrac{2\pi}{T}$

B. 加速度大小之和为 $\dfrac{4\pi^2 r}{T^2}$

C. 线速度大小之和为 $\dfrac{2\pi r}{T}$

D. 质量之和为 $\dfrac{4\pi^2 r^3}{GT^2}$

【设计意图】主要考查学生的理解能力、推理能力以及分析综合能力，考查内容涉及万有引力定律及其应用、环绕速度等。题目以"双星系统"为背景素材，植入匀速圆周运动模型，考查学生应用定律解决实际问题的能力，同时考查学生的建模能力，激发学生对宇宙的探索欲望，促进学生物理观念和科学思维的形成和发展。

【题目分析】如图 1-65，设 a，b 两颗星体绕 O 点做匀速圆周运动，周期 T 相同，角速度 $\omega_a = \omega_b = \dfrac{2\pi}{T}$，角速度之和为 $\dfrac{4\pi}{T}$，选项 A 错误；加速度 $a_a = \dfrac{4\pi^2}{T^2}r_a$，$a_b = \dfrac{4\pi^2}{T^2}r_b$，又有 $r_a + r_b = r$，故 $a_a + a_b = \dfrac{4\pi^2 r}{T^2}$，选项 B 正确；线速度 $\nu_a = \dfrac{2\pi r_a}{T}$，$\nu_b = \dfrac{2\pi r_b}{T}$，故 $\nu_a + \nu_b = \dfrac{2\pi r}{T}$，选项 C 正确；万有引力提供向心力 $G\dfrac{m_a m_b}{r^2} = m_a \dfrac{4\pi^2}{T^2}r_a = m_b \dfrac{4\pi^2}{T^2}r_b$，故 a，b 两颗星体质量之和 $m_a + m_b = \dfrac{4\pi^2 r^3}{GT^2}$，选项 D 正确。

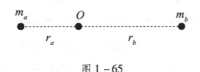

图 1-65

【教学建议】对于"双星模型"问题，教学中要引导学生从两方面归纳总结其特点：一是受力特点：万有引力提供向心力。二是运动特点：①轨迹为同心圆，圆心在两星体中心的连线上；②角速度（周期）相等；③轨道半径之和等于两星体中心距离之和；④星体质量和轨道半径的乘积相等。不管是"双星"还是"多星"问题，要记住角速度（周期）相等是解决问题的抓手，分析向心力的来源是解决问题的核心，区分轨道半径和引力作用距离的不同是解决问题的关键。

六、功和能

43. 如图 1–66 所示，曲面 1、斜面 2 和斜面 3 的底边长度相同，顶端位于同一竖直面上，曲面 1、斜面 2 顶端高度相同。一可视为质点的物体与三个面间的动摩擦因数相同，当物体由静止开始分别沿三个面从顶端下滑到底端的过程中，物体减少的机械能分别为 ΔE_1，ΔE_2，ΔE_3，到底端时的速率分别为 v_1，v_2，v_3，下列判断正确的是（　　）

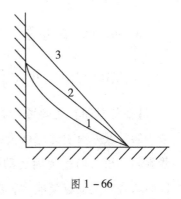

图 1–66

A. $\Delta E_1 > \Delta E_2 = \Delta E_3$

B. $\Delta E_3 > \Delta E_1 > \Delta E_2$

C. $v_3 > v_2 = v_1$

D. $v_3 > v_2 > v_1$

【设计意图】主要考查学生的理解能力、推理能力以及分析综合能力，考查内容涉及滑动摩擦力、向心力、动能定理、功能关系、机械能守恒定律及其应用等。题目借助学生熟悉的斜面、曲面模型，考查学生运用规律、定理、定律解决问题的能力，重点考查学生利用微元法解决问题的能力，旨在促进学生能量观念的形成以及科学思维的提升。

【题目分析】在倾角为 θ、长度为 x、底边长为 s 的斜面上，质量为 m 的物体下滑时克服摩擦力做功为 $W_f = \mu mg\cos\theta \cdot x = \mu mg \cdot s$，物体在斜面 2、3 上运动克服摩擦力做功 $W_{f2} = W_{f3}$；把曲线 1 分成无数小段，若不考虑向心力，则物体在每小段运动中克服摩擦力所做的功只与该小段的水平距离有关，累积加和后与物体沿斜面 2 或 3 运动中做的功相等，但物体在曲线 1 上运动时需要向心力，则支持力应比不考虑向心力时要大，导致摩擦力比原来大，克服摩擦力做功比原来多，即 $W_{f1} > W_{f2}$；根据功能关系，物体损失的机械能 $\Delta E = W_f$，则选项 A 正确，选项 B 错误；再根据动能定理 $\Delta E_k = \dfrac{1}{2}mv^2 = mgh - W_f$，

而 $h_1 = h_2 < h_3$，$W_{f2} = W_{f3} < W_{f1}$，故 $\nu_3 > \nu_2 > \nu_1$，故选项 C 错误，选项 D 正确。

【教学建议】 动摩擦因数相同时，物体在底边长为 s 的斜面上下滑过程中克服摩擦力做的功，相当于物体直接在长为 s 的水平地面上滑动过程中克服摩擦所做的功。微元法是分析、解决物理问题中的常用方法，使用该方法处理问题时，需把研究过程或对象分割成许多微小的"元过程"，而且每个"元过程"遵循的规律相同，然后再将"元过程"应用必要的数学方法或物理思想进行处理，从而实现化曲为直，化"变"为"常"，化"难"为"易"，进而成功求解问题。高中物理很多地方渗透了微元法思想，如推导基本概念瞬时速度 $\dfrac{\Delta x}{\Delta t}$，加速度 $\dfrac{\Delta \nu}{\Delta t}$，推导匀变速直线运动位移与时间关系，研究物体沿不同路径向下运动时重力做功，探究弹簧弹力做功等，教学过程中要精心设计，引导学生真正领悟其思想方法。

44. 如图 1–67 所示，同一木板按方式①和②放置，一视为质点的物块由静止开始分别从木板顶端下滑到底端，已知物块与木板间的动摩擦因数 $\mu = 0.2$，则按方式①和②物块滑到木板底端时，速率之比 $\nu_1 : \nu_2$ 为（ ）

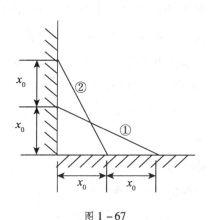

图 1–67

A. 1：4   B. $\sqrt{3}$：3   C. 1：3   D. $\sqrt{2}$：2

【设计意图】 主要考查学生的理解能力、推理能力以及分析综合能力，考查内容涉及滑动摩擦力、动能定理等。题目通过变换学生熟悉的斜面模型，使学生对题型产生"陌生感"，考查学生运用规律、定理解决问题的能力，旨在促进学生能量观念的形成以及科学思维的提升。

【题目分析】 质量为 m 的物体，在倾角为 θ，长度为 s，底边长为 x 的斜面上下滑，所受滑动摩擦力为 $F_f = \mu mg\cos\theta$，克服摩擦力做功为 $W_f = F_f \cdot s$，

由二式可得 $W_f = \mu mgx$，再根据动能定理 $\Delta E_k = \frac{1}{2}mv^2 = mgh - W_f$，按方式①和

②物块滑到木板底端时，$\dfrac{\Delta E_{k1}}{\Delta E_{k2}} = \dfrac{mgx_0 - \mu mg \cdot 2x_0}{mg \cdot 2x_0 - \mu mgx_0} = \dfrac{1-2\mu}{2-\mu} = \dfrac{1}{3} = \dfrac{\frac{1}{2}mv_1^2}{\frac{1}{2}mv_2^2}$，则 $\dfrac{v_1}{v_2}$

$= \dfrac{\sqrt{3}}{3}$，故选项 B 正确。

【教学建议】 因为力对距离的累计效应就是功，而合外力对物体所做的功等于物体动能的变化量，所以解决的物理问题涉及到力和距离时，首选应用动能定理去解决。动摩擦因数相同时，物体在底边长为 s 的斜面上下滑过程中克服摩擦力做的功，相当于物体直接在长为 s 的水平地面上滑动过程中克服摩擦力所做的功，该二级结论建议在讲授"功"内容时，布置作业要求学生自行推导。

45. 如图 1-68 所示，在竖直平面内有一段半径为 r 的粗糙圆弧面 AB 固定不动，其圆心在 O 处，OA 在竖直方向上。在 A 点放置一小物块，给其一个水平向右、大小为 v_0 的初速度，结果物块能沿圆弧面从 A 点运动到 B 点，且速度大小保持不变。重力加速度为 g，则物块沿圆弧面下滑过程中，下列说法正确的是（　　）

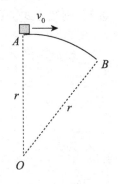

图 1-68

A. 速度大小 v_0 可能大于 $\sqrt{gr}$

B. 重力对物块做功的功率越来越小

C. 物块克服摩擦力做功的功率越来越大

D. 物块所受重力与摩擦力的合力越来越小

【设计意图】 主要考查学生的理解能力、推理能力以及分析综合能力，考查内容涉及力的合成与分解、匀速圆周运动的线速度和向心力、牛顿第二定律、功和功率等。题目借助学生熟悉的圆周运动模型，通过设置圆弧面动摩擦因数的变化，从而让物块在竖直平面内做匀速圆周运动来创设问题情景，考查学生运用规律、定律解决问题的能力，促进学生运动及相互作用观念、能量观念的形成以及科学思维能力的提升。

【题目分析】 如图 1-69 所示，在 A 处，根据牛顿第二定律有 $mg - F_A = m$

$\dfrac{v_0^2}{r}$，代入可得 $v_0 = \sqrt{gr - \dfrac{F_A r}{m}}$，选项 A 错误；设重力与速度方向的夹角为 θ，

重力对物块做功的功率 $P = mgv_0\cos\theta$，θ 逐渐减小，$\cos\theta$ 逐渐增大，故选项 B

错误；沿圆弧切线方向合力为零，即 $f = mg\cos\theta$，物块

克服摩擦力做功的功率 $P_f = mgv_0\cos\theta$，选项 C 正确；物

块所受重力与摩擦力的合力为 $mg\sin\theta$，θ 逐渐减小，

$\sin\theta$ 逐渐减小，故选项 D 正确。（根据牛顿第二定律

$mg\sin\theta - N = m\dfrac{v_0^2}{r}$，又有 $f = \mu N$，综合以上可得 $\mu = \dfrac{f}{N} =$

$\dfrac{g\cos\theta}{g\sin\theta - \dfrac{v_0^2}{r}}$，可见粗糙圆弧面 AB 的动摩擦因数越来

越大）

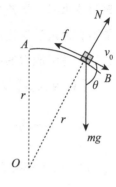

图 1-69

【教学建议】 在解决问题过程中，发现学生对小物块"沿圆弧面"向下
做匀速圆周运动感到迷惑，甚至感觉题目"出错"，究其原因主要是"思维定
式惹的祸"，他们错误地认为物块与圆弧面间的动摩擦因数不变，因此教学中
要好好利用该"坑"，毕竟跌倒再爬起来还是会涨点
记性的！另外，对"物块所受重力与摩擦力的合力"
的分析，要引导学生将其转变为 $mg\sin\theta$，转换视角
往往能够欣赏到"无限风光"！

46. 如图 1-70 所示，一轻杆上端可绕 O 处的水
平轴在竖直面内无摩擦转动，下端连接一不计质量
的力传感器 P（可测出细杆所受拉力或压力大小）
和质量为 m 的小球 A。现让 A 做半径为 R 的完整圆

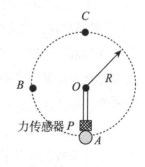

图 1-70

周运动，其中 B 点与圆心等高，C 点为圆周最高点。忽略空气阻力，重力加
速度为 g。下列说法正确的是（　　）

A. 若 P 在 B 处示数为 $3mg$，则在 C 处示数一定为 0

B. 若 P 在 C 处示数为 $0.5mg$，则在 B 处示数一定为 $2.5mg$

C. 若 P 在 B，C 处显示力方向不同，则从 B 到 C 过程中 P 有一时刻示数为 0

D. 若 P 在 B，C 处显示力方向相同，则小球在 B 处的速度一定小于 $\sqrt{3gR}$

【设计意图】 主要考查学生的理解能力、推理能力以及分析综合能力，考

查内容涉及匀速圆周运动的线速度和向心力、牛顿第二定律、功能关系以及机械能守恒定律及其应用等。题目借助学生熟悉的圆周运动模型，植入力的传感器，通过其显示拉力的情况判断小球运动情况，进而解决该情景问题。题目注重对力学核心规律的考查，主要考查学生运用规律、定律解决问题的能力，促进学生运动及相互作用观念、能量观念的形成以及科学推理、科学论证等思维能力的提升。

【题目分析】 若 P 在 B 处示数为 $3mg$，在 C，B 处，根据牛顿第二定律 $F_B = m\dfrac{v_B^2}{R}$，$F_C + mg = m\dfrac{v_C^2}{R}$，从 C 到 B 根据机械能守恒定律，$-mgR = \dfrac{1}{2}mv_C^2 - \dfrac{1}{2}mv_B^2$，代入解得 $F_C = 0$，选项 A 正确；若 P 在 C 处示数为 $0.5mg$，则在该处的向心力大小为 $0.5mg$ 或 $1.5mg$，同理可求得在 B 处的向心力为 $2.5mg$ 或 $3.5mg$，选项 B 错误；若 P 在 B，C 处显示力方向不同，则轻杆在 B 处对球为拉力，在 C 处为支持力，在恰好改变力方向的位置或时刻，轻杆对球没有作用力，P 示数为 0，选项 C 正确；若 P 在 B，C 处显示力方向相同，同理，当 $F_C = 0$ 时，代入解得到 B 处的最小速度 $v_B = \sqrt{3gR}$，选项 D 错误。

【教学建议】 受力分析是成功解决力学问题的抓手，特别是圆周运动"轻杆"类问题，杆既可产生拉力也可产生支持力，因此圆周运动对向心力的分析显得更为重要。另外，牛顿第二定律和功能关系是解决圆周运动问题的常用规律，要注意前者对应某一"状态"，后者对应某一"过程"。

47. 如图 1-71 所示，一辆汽车通过滑轮组正在将深井中的物体拉上井口，不计动滑轮和绳子重力以及它们之间的摩擦，当汽车沿水平地面向右匀速行驶时，下列说法正确的是（　　　）

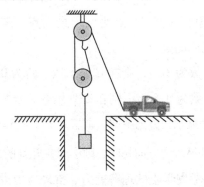

图 1-71

A. 汽车的速度大小是物体的 2 倍

B. 绳子对汽车的拉力大小是物体重力的 $\frac{1}{2}$

C. 绳子对物体做的功等于物体重力势能的增量

D. 轻绳对汽车和物体做功功率相等

【设计意图】主要考查学生的理解能力、推理能力以及分析综合能力，考查内容涉及运动的合成与分解、超重和失重、功率、功能关系等。题目以日常生活中的现象为素材，考查学生运用规律、定律分析解决实际问题的能力，激发学生的学习兴趣，引导学生关注日常生活中的物理问题，使他们学会学以致用，同时促进学生运动与相互作用观念和能量观念的形成以及科学思维的提升。

【题目分析】设汽车匀速运动的速度为 v，绳子对汽车拉力与水平方向的夹角为 θ，根据速度的合成与分解，沿绳子方向的速度 $v_1 = v\cos\theta$，汽车向右行驶时 θ 减小，$\cos\theta$ 增大，物体向上加速运动，处于超重状态，绳子对汽车的拉力大于物体重力的 $\frac{1}{2}$，故选项 B 错误；设物体向上运动的速度大小为 v_2，由于物体由 2 段绳子承担，故 $v_2 = \frac{1}{2}v_1 = \frac{v\cos\theta}{2}$，即 $v = \frac{2v_2}{\cos\theta}$，故选项 A 错误；根据功能关系，绳子对物体做的功等于物体重力势能和动能的增量之和，故选项 C 错误；设绳子拉力大小为 F，汽车克服绳子拉力的功率 $P_1 = Fv\cos\theta = Fv_1$，绳子拉力对物体做功的功率 $P_2 = 2Fv_2 = Fv_1$，故选项 D 正确。

【教学建议】处理运动的合成与分解时，注意实际运动的方向就是合运动的方向。对于有滑轮组的题目，一定要看清承担重物的绳子段数，特别要关注重物的运动状态，不能思维定式停留在初中的"平衡状态"，一定要"脱胎换骨"到高中的"超失重"状态。另外，瞬时功率的计算别忘了乘以力和速度方向夹角的余弦值。

48. 如图 1-72 所示，小球 a 通过铰链用长为 l 的轻杆与小球 b，c 相连，三球质量均为 m。现将 a 由静止释放，b，c 在杆的作用下向两侧光滑水平面滑动。不计摩擦，重力加速度为 g，a，b，c 可视为质点

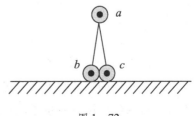

图 1-72

且始终在同一竖直平面内运动，则（　　）

    A. a 落地前，轻杆对 b 一直做正功

    B. a 落地前，c 对地面的压力一直大于 mg

    C. a 下落过程中有加速度为 g 的时刻

    D. a 落地时速度大小为 $\sqrt{2gl}$

【设计意图】 主要考查学生的理解能力、推理能力以及分析综合能力，考查内容涉及运动的合成与分解、功、功能关系、机械能守恒定律及其应用等。题目选取"杆－球"模型创设问题情景，考查学生运用规律、定律分析解决实际问题的能力，促进学生运动与相互作用观念和能量观念的形成以及科学思维的提升。

【题目分析】 如图 1－73，根据运动的合成与分解，小球 a，b（c）有 $v_a\cos\alpha = v_b\cos\beta = v_b\sin\alpha$，即 $v_b = \dfrac{v_a\cos\alpha}{\sin\alpha} = \dfrac{v_a}{\tan\alpha}$，小球 a 下落过程，$\tan\alpha$ 在增大，当刚落到地面时为 ∞，此时小球 b（c）的速度为 0，故小球 b，c 在光滑水平面上先加速后减速，轻杆对 b 先做正功后做负功，轻杆对 c 先为推力后为拉力，对地面的压力先大于 mg 后小于 mg，故选项 A，B 错误；当轻杆对小球 b，c 的作用力由推力变为拉力的时刻，杆对 b，c 没有作用力，此时 b，c 对地面的压力大小为 mg，小球 a 加速度为 g，故选项 C 正确；a 落地时，b，c 速度为零，根据机械能守恒定律有 $mgl = \dfrac{1}{2}mv^2$，可得 a 落地时速度大小 $v = \sqrt{2gl}$，故选项 D 正确。

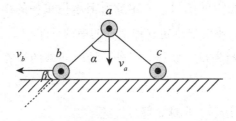

图 1－73

【教学建议】 "杆－球"系统机械能守恒，轻杆产生的弹力做功，使机械能在相互作用的物体间进行等量的转移。解决此类问题的关键是利用运动的合成与分解等知识，分析系统中个体的运动情况，再从能量的角度重点考量

两个点：一是系统初态的机械能等于末态的机械能，二是系统中某些物体减少的机械能等于其他物体增加的机械能。

49. 如图 1－74 所示，在平台 AD 间有一凹槽 BC，槽内有一与平台等高的滑板 b，一小铁块 a 以水平初速度滑上 b，b 向右加速运动到凹槽右端 C 时 a 也同时到达，且 a，b 速度相等。之后 b 与凹槽右侧边碰撞后恰能回到 B 端，而 a 滑上平台 CD。已知 a，b 质量满足 $m_a = 2m_b$，下列说法正确的是（ ）

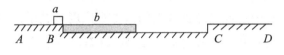

图 1－74

A. a，b 间和 b 与凹槽间的动摩擦因数之比为 2：1

B. a 到达 B，C 点时的速度之比为 2：1

C. b 向右加速运动过程中 a，b 间和 b 与凹槽间产生热量之比为 4：1

D. 凹槽 BC 与滑板 b 长度之比为 4：3

【设计意图】主要考查学生的理解能力、推理能力以及分析综合能力，考查内容涉及匀变速直线运动及其公式、滑动摩擦力、动摩擦因数、牛顿运动定律及其应用、功能关系等。题目借助板块模型，从动力学和能量的角度植入问题情景，考查学生运用规律、定律分析解决问题的能力，促进学生运动与相互作用观念和能量观念的形成以及科学思维的提升。

【题目分析】如图 1－75 所示，设滑板 b 的质量为 m，a，b 间和 b 与凹槽间的动摩擦因数分别为 μ_1，μ_2，b 向右加速和向左减速过程，根据牛顿第二定律有 $\mu_1 \cdot 2mg - \mu_2 \cdot 3mg = ma_1$，$\mu_2 mg = ma_2$，由对称性有 $a_1 = a_2$，代入可得 $\mu_1 = 2\mu_2$，选项 A 正确；对 a 有 $\mu_1 \cdot 2mg = 2ma$，则 $a = \mu_1 g = 2a_1$，设 a 到 C 点时的速度为 v，对 a 有 $v_0 - v = at$，对 b 有 $v = a_1 t$，代入可得 $v_0 = 3v$，选项 B 错误。设 b 的右端到 C 点的距离为 l，凹槽 BC 的长度为 x，根据运动学规律有 $l = \dfrac{v}{2}t$，$x = \dfrac{v_0 + v}{2}t$，代入可得 $x = 4l$，凹槽 BC 与滑板 b 长度之比为 4：3，选项 D 正确。a，b 间产生热量 $Q_1 = \mu_1 \cdot 2mg \cdot 3l$，$b$ 与凹槽间产生热量 $Q_2 = \mu_2 \cdot 3mg \cdot l$，则 a，b 间和 b 与凹槽间产生热量之比为 4：1，选项 C 正确。

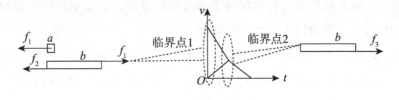

图 1-75

【教学建议】板块模型往往涉及多对象、多过程、多个力，运动情况变化多端，有明显的不确定性，考查知识的深度和广度可灵活把握，是命题人的常选模型，也是高考复习备考的重点模型，甚至可以说是"网红"模型。板块模型飘忽不定的是它的运动性质，因此抓住运动性质就能点到它的"死穴"，如何确定"穴位"呢？找运动过程的"临界点"，如何找？受力分析和图像分析"两手一起抓"。以该题为例，受力分析（水平方向）和图像分析见图 1-75。

50. ①如图 1-76 所示，小物块 a 套在竖直杆上，用轻绳连接后跨过小定滑轮 d，与足够长斜面上的小物块 b 相连接，da 呈水平状态。现由静止释放 a，下落到 c 点时速度为零，不计一切摩擦，b 不会碰到 d，则（　　）

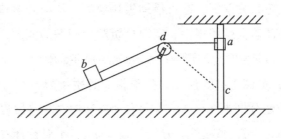

图 1-76

A. a 刚释放时，绳子拉力为零，加速度为重力加速度

B. a 向下运动过程中 a，b 的最大速度大小相同

C. a 向下运动过程中绳子的张力不断减小

D. a 向下运动过程中绳子对 a，b 做功的功率相等

50. ②如图 1-77 所示，小物块 a 套在竖直杆上，用轻绳连接后跨过小定滑轮 e 与倾角 37° 的足够长斜面上的小物块 b 相连接，ea 水平且距离为 d，a，b 的质量满足 $m_a = 0.3m_b$。现由静止释放 a，运动到 c 点时速度为零，不计一切摩擦，b 不会碰到 e（$\sin 37° = 0.6$），则（　　）

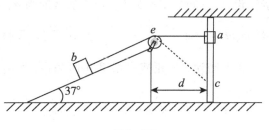

图 1 – 77

A. a，c 间的距离为 d

B. a，c 间的距离为 $\dfrac{4}{3}d$

C. b 沿斜面上滑的最大距离为 $\left(\sqrt{2}-1\right)d$

D. b 沿斜面上滑的最大距离为 $\dfrac{2}{3}d$

【设计意图】 主要考查学生的理解能力、推理能力以及分析综合能力，考查内容涉及牛顿运动定律、运动的合成与分解、机械能守恒定律等。题目借助斜面加连接体模型，创设多物体机械能守恒问题情景，考查学生运用规律、定律分析解决问题的能力，促进学生运动与相互作用观念和能量观念的形成以及科学思维的提升。

【题目①分析】 小物块 a 在刚释放时，受力如图 1 – 78 甲所示，$F = T = m_b g\sin\theta$，对 a 有 $mg = ma$，加速度为重力加速度，选项 A 错误；a 向下运动过程中，对其速度进行分解如图 1 – 78 乙所示，由图可知 $\nu_a > \nu_{绳} = \nu_b$，选项 B 错误；a 向下运动过程中，b 沿斜面向上先加速后减速，加速度先减小（沿斜面向上）后增大（沿斜面向下），对 b 有 $T - m_b g\sin\theta = m_b a$，绳子的张力不断减小，选项 C 正确；因 $\nu_{绳} = \nu_b$，故 $T\nu_{绳} = T\nu_b$，选项 D 正确。

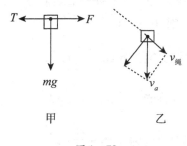

甲　　　　乙

图 1 – 78

【题目②分析】设 a，c 间的距离为 h，重力加速度为 g，由题中图示结合机械能守恒定律有 $m_a g h = m_b g$ ($\sqrt{d^2 + h^2} - d$) $\sin 37°$，又有 $m_a = 0.3 m_b$，代入可得 $h = \frac{4}{3} d$，选项 A 错误，B 正确；根据几何关系，b 沿斜面上滑的最大距离为 $x_m = \sqrt{d^2 + h^2} - d = \frac{2}{3} d$，选项 C 错误，D 正确。

【教学建议】对于斜面加连接体模型机械能守恒问题，涉及的是重力势能与动能之间的相互转移，解决此类问题要注意以下几点：①连接体的物块在同一时刻速度大小往往不同，可以利用沿绳子方向的速度大小相等来确定两物块的速度大小关系。②在不同斜面（斜面与竖直面）运动的物块，沿绳子方向通过的距离相等，但下落或上升的高度往往不同。③画出系统"临界态"的草图是成功解决问题的关键。

51.①如图 1-79 所示，轻弹簧的一端固定，另一端与套在光滑竖直固定杆 A 处的小球相连，弹簧压缩且水平。小球从 A 处由静止下滑，到达 C 处时速度为零。弹簧始终在弹性限度内，则小球下滑过程中（　　）

A. 小球机械能先增大后减小

B. 弹簧的弹性势能一直在增大

C. 小球加速度先增大后减小再增大

D. 弹簧的弹性势能为零时，小球的动能最大

51.②如图 1-79 所示，轻质弹簧的一端固定，另一端与质量为 m，套在光滑竖直固定杆 A 处的小球相连，弹簧压缩且水平。小球从 A 处静止开始下滑距离 d 时速度为 ν，此时弹簧处于自然状态，再下滑距离 h 到达 C 点速度为零，弹簧始终在弹性限度内，重力加速度为 g，则（　　）

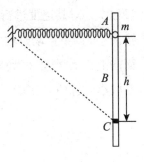

图 1-79

A. 在 A 处弹簧的弹性势能为 $mgd - \frac{1}{2}m\nu^2$

B. 在 A 处弹簧的弹性势能为 $\frac{1}{2}m\nu^2 - mgd$

C. 在 C 处弹簧的弹性势能为 $mgh + \frac{1}{2}m\nu^2$

D. 在 C 处弹簧的弹性势能为 $mg(d + h)$

【设计意图】主要考查学生的理解能力、推理能力以及分析综合能力，考查内容涉及重力做功和重力势能、功、功能关系、机械能守恒定律及其应用等。题目选取"弹簧－小球"模型创设问题情景，考查学生运用规律、定律分析解决实际问题的能力，促进学生运动与相互作用观念和能量观念的形成以及科学思维的提升。

【题目①分析】小球下滑过程中，小球、弹簧系统机械能守恒，弹簧的弹性势能先减小后增大，小球机械能先增大后减小，选项 A 正确，B 错误；小球在 A 处的加速度为 g，当弹簧处于自然状态时，小球的加速度也为 g，这一过程小球加速度先增大后减小，从弹簧处于自然状态到小球的加速度为 0，小球加速度一直减小，当小球的加速度为 0 时，速度最大，即动能最大时，弹簧处于伸长状态，然后到 C 处的过程中速度一直减小，加速度反向不断增大，选项 C 正确，D 错误。

【题目②分析】小球从 A 处静止开始下滑距离 d 时，对小球、弹簧，根据机械能守恒定律有 $E_{pA} + mgd = \frac{1}{2}mv^2$，代入可得 $E_{pA} = \frac{1}{2}mv^2 - mgd$，选项 A 错误，B 正确；小球从 A 处由静止开始下滑距离 $(d+h)$ 时，对小球、弹簧，同理 $E_{pA} + mg(d+h) = E_{pC}$，代入可得 $E_{pC} = mgh + \frac{1}{2}mv^2$，选项 C 正确，D 错误。

【教学建议】"弹簧－小球"系统机械能守恒，弹簧产生的弹力做功，使小球机械能与弹簧的弹性势能进行等量的转移。解决此类问题常用"转换法"，如果问小球下落过程的机械能如何变化，可以"转换"为考量弹簧的弹性势能的变化；问小球下落过程的动能和弹簧的弹性势能之和如何变化，可以"转换"为考量小球的重力势能的变化等。

52. 如图 1－80 甲所示，水平地面上静放质量 $m = 1.0$kg 的物块，它与水平面间的动摩擦因数 $\mu = 0.3$，水平拉力 F 作用在物块上，其 $F - t$ 图像如图1－80乙所示，设最大静摩擦力等于滑动摩擦力，g 取 10m/s^2，下列说法正确的是（　　）

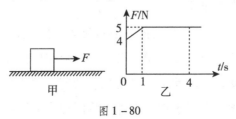

图 1－80

A. 在 $t=1$s 时物块速度大小为 1.5m/s

B. 在 $t=4$s 时 F 的功率为 52.5W

C. 在 $0\sim1$s 内物块克服摩擦力做功 2.25J

D. 在 $1\sim4$s 内水平拉力 F 做功 67.5J

【设计意图】 主要考查学生的理解能力、推理能力、分析综合能力以及应用数学知识处理物理问题的能力，考查内容涉及匀变速直线运动及其公式、滑动摩擦力、牛顿运动定律及其应用、功和功率、动能定理、动量定理等。题目借助常见直线运动模型，植入 $F-t$ 图像，使简单的模型"复杂化"，增大了试题信息的广度，使试题的呈现更具"新鲜感"。既考查学生运用规律、定理、定律分析、解决问题的能力，又考查学生的信息加工、逻辑推理等关键能力，促进学生物质、运动与相互作用、能量等物理观念的形成，同时促进学生科学推理、科学论证、质疑创新等科学思维的提升。

【题目分析】 图 $1-80$ 乙中图线与横轴 t 所围"面积"表示冲量，由图 $1-80$ 乙可知，在 $0\sim1$s 内，"面积"为 $I_F=4.5$N·s，再根据动量定理 $I_F-I_f=\Delta p$，而 $I_f=\mu mgt=3$N·s，故 $t=1$s 时物块速度大小 v_1

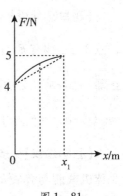

$=\dfrac{I_{合}}{m}=\dfrac{4.5-3}{1}=1.5$m/s，再根据动能定理 $(\overline{F}_x-\mu mg)\,x_1=\dfrac{1}{2}mv_1^2$，而 $\overline{F}_x>\overline{F}_t=4.5$N，见图 $1-81$，代入可得 $x_1<0.75$m，则在 $0\sim1$s 内物块克服摩擦力做

图 $1-81$

功 $W_f=\mu mgx_1<2.25$J，故选项 A 正确，选项 C 错误；

在 $1\sim4$s 内，根据牛顿第二定律 $F-\mu mg=ma$，代入可得 $a=2$m/s^2，在 $t=4$s 时的速度 $v_4=v_1+a\Delta t=7.5$m/s，此时 F 的功率 $P=Fv_4=37.5$W，而在 $1\sim4$s 内物块通过的距离 $x_2=\dfrac{v_1+v_4}{2}\Delta t=13.5$m，水平拉力 F 做功 $W_F=Fx_2=67.5$J，故选项 B 错误，选项 D 正确。

【教学建议】 宇宙中物质以时间、空间两个维度存在，力对时间的累积效应是冲量，合外力的冲量等于动量的变化，力对空间的累积效应是功，合外力做功等于动能的变化，因此从动量定理、动能定理入手是解决物理问题的两个重要途径。若学生学有余力，教师可将图像中的倾斜直线转换成曲线引导学生进行深入研究，如图 1-82 所示。

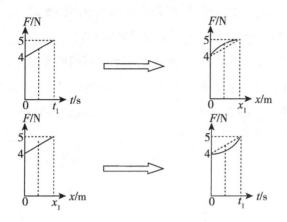

图 1-82

物块在 1s 内运动位移的微积分求法：

根据图 1-83 甲 $a-t$ 图像知道，其 $v-t$ 关系可用抛物线表示（图 1-83 乙），设为 $v=at^2+bt+c$，代入点 $(1, 1.5)$，$(-1, 1.5)$，$(0, 0)$ 可得 $v=\dfrac{3}{2}t^2$，$\mathrm{d}x=v\mathrm{d}t$，对时间积分 $\displaystyle\int_0^x \mathrm{d}x = \int_0^t v\mathrm{d}t$，$x(t)=\dfrac{1}{2}t^3$，把 $t=1\mathrm{s}$ 代入有 $x=0.5\mathrm{m}$。

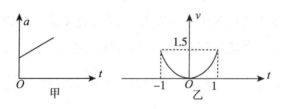

图 1-83

53. 如图 1-84 所示为实验室常用的力学实验装置。

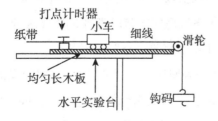

图 1-84

（1）利用该装置做研究匀变速直线运动的实验时，＿＿＿＿＿＿＿（填"需要"或"不需要"）平衡小车和木板间的摩擦力。

（2）利用该装置探究功与速度变化关系实验时，＿＿＿＿＿＿＿（填"需要"或"不需要"）平衡小车和木板间的摩擦力。

（3）某学生使用该装置做"研究匀变速直线运动"的实验时，得到一条点迹清晰的纸带，如图1－85所示，已知图中所标的相邻两个计数点之间还有四个点未画出，计时器所用交流电周期为T，则利用此纸带得到小车的加速度的表达式为＿＿＿＿＿＿＿＿＿。（用x_2，x_5，T来表示）

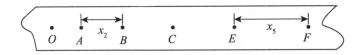

图1－85

【设计意图】 主要考查学生的实验能力，考查内容涉及"研究匀变速直线运动"和"探究功与速度变化关系"两个实验，通过同一套器材完成不同实验来设置问题，考查学生对基本实验原理的理解以及实验数据的处理能力，促进学生重视实验操作能力和实践能力的训练，引导教师要重视并加强实验教学。

【题目分析】 对于"研究匀变速直线运动"的实验，只要小车受到的合力恒定即可，不需要平衡摩擦力；"探究功与速度变化关系"的实验，必须测出合力的大小，而合力中摩擦力难以测量，故可以通过平衡摩擦力的方法"平衡掉"摩擦力。小车的加速度$a = \dfrac{x_5 - x_2}{3t^2}$，依据题意有$t = 5T$，故$a = \dfrac{x_5 - x_2}{75T^2}$。

【教学建议】 高中物理的力学实验可以通过打点计时器进行"串联"，要从实验原理、实验操作、数据处理、误差分析、拓展创新等维度去全面理解，同一套器材可以完成不同实验，同一实验可以用不同实验器材来完成。利用纸带计算加速度，除了掌握理解实验原理外，还要区分"打印点"和"计数点"的不同，要特别注意相邻两"点"的时长。

54. 某同学想利用频闪照相探究平抛运动，他先用螺旋测微器测量小球的直径，示数如图1－86甲所示，则读数为＿＿＿＿＿＿mm。他接着开始一系列的探究活动，图1－86乙是该同学某次做小球平抛运动的频闪照片，背景使用了一张透明方格纸，由图可计算出闪光间隔为＿＿＿＿＿＿s，小球做平抛运动的

初速度 $v_0 =$ _____ m/s。（g 取 10m/s^2，结果都保留 2 位有效数字）

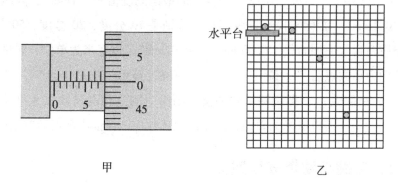

甲　　　　　　　　　　乙

图 1 - 86

【设计意图】 主要考查学生的实验能力，考查内容涉及长度测量、探究平抛运动实验，通过频闪照相来"定格"小球的位置，巧妙设计球的大小"满格"方格纸，间接知道方格纸上每小格的边长，考查学生能否对螺旋测微器的测量进行正确读数，同时考查学生能否利用运动合成与分解的方法分析平抛运动，促使学生重视实验操作能力和实践能力的训练，引导教师在教学过程中要加强实验教学。

【题目分析】 螺旋测微器的测量，固定刻度尺读数为 8.0mm，可动刻度尺读数为 0.000mm，故读数为 $8.0\text{mm} + 0.000\text{mm} = 8.000\text{mm}$；设闪光时间为 T，方格纸每小格的边长 $l = 8.0 \times 10^{-3}\text{m}$，小球从"1"到"2"位置，部分时间在水平台上运动没有做平抛运动，故计算 T 只能取"3""4"与"2""3"位置的高度差，根据 $\Delta y = gT^2$ 可得，闪光时间 $T = \sqrt{\dfrac{\Delta y}{g}} = \sqrt{\dfrac{4l}{g}} = 5.7 \times 10^{-2}\text{s}$，水平方向初速度 $v_0 = \dfrac{4l}{\sqrt{\dfrac{4l}{g}}} = \sqrt{4gl} = 0.57\text{m/s}$。

【教学建议】 在高考实验备考复习中，测量仪器中"三表三尺"的读数一定要规范落实，"三表"是指电流表、电压表、多用电表，"三尺"是指毫米刻度尺、游标卡尺、螺旋测微器。"三表"读数决定于最小刻度值，如果最小刻度值是"1"，如"0.1A""$1v$"，则必须估读到下一位"0.01A""$0.1v$"，如果最小刻度值是"2"或"5"，则只需小数点后位数对齐即可，即最小刻度值是"2"按 $\dfrac{1}{2}$ 估读，最小刻度值是"5"按 $\dfrac{1}{5}$ 估读，如最小刻度值"0.02A"，读数

为 "x. 01A，x. 02A，x. 03A……"，如最小刻度值是 "0.5ν"，读数为 "x. 1ν，x. 2ν，x. 3ν……" "三尺" 中毫米刻度尺的最小刻度值是 "1mm"，因此要估读到 "0.1mm"。游标卡尺有三种规格，分别是 10 分度、20 分度、50 分度，分别能精确到 "0.1mm"，"0.05mm"，"0.02mm"，以毫米为单位，测量结果读数分别为小数点后 "一位（0～9）" "两位（最后一位是 0 或 5）" "两位（最后一位是偶数）"；螺旋测微器的读数则由 "固定刻度尺读数 + 可动刻度尺读数" 组成，若以毫米为单位，测量结果读数应该保证小数点后有三位数。

七、碰撞与动量守恒定律

55. 轻弹簧一端固定在水平面上，另一端拴接质量为 m 的物块 A（视为质点），物块 A 静止时弹簧压缩量为 x，如图 1-87 所示。现在 A 的正上方 O 处静止释放物块 B（图中未画出），两物块相碰（碰撞时间极短）后一起向下压缩弹簧，恰能回到离 O 点 $0.5x$ 处，已知整个过程弹簧始终在弹性限度内，重力加速度为 g，不计空气阻力，下列说法正确的是（　　　）

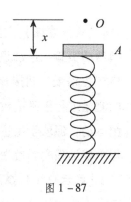

图 1-87

A. 图示状态弹簧具有的弹性势能为 $\dfrac{1}{2}mgx$

B. 物块 B 的质量约为 $1.43m$

C. 两物块碰撞过程产生的热量约为 $0.59mgx$

D. 两物块下落过程中弹簧的最大压缩量是 $3x$

【设计意图】主要考查学生的理解能力、推理能力、分析综合能力以及应用数学知识解决物理问题的能力，考查内容涉及弹簧弹性势能、重力做功与重力势能、功能关系、机械能守恒定律及其应用、非弹性碰撞、动量守恒定律的应用以及能量守恒定律等。题目借助学生熟悉的弹簧模型，植入完全非弹性碰撞的内容，考查学生综合运用定理、定律解决物理问题的能力，旨在促进学生能量观念的形成以及分析与综合等科学思维能力的提升。

【题目分析】根据对称性可知，质量为 m 的物块 A 从 O 处静止下落 $2x$ 时速度为零，根据功能关系 $2mgx = E_p$，图示状态弹簧压缩量为 x，弹簧具有的弹性势能为 $E_{p1} = \dfrac{1}{4}E_p = \dfrac{1}{2}mgx$，选项 A 正确；物块 B 自由下落过程 $m_B gx = \dfrac{1}{2}$

$m_B\nu_B^2$，两物块碰撞过程，根据动量守恒定律 $m_B\nu_B=(m+m_B)\nu$，碰后对整个

系统，选择图示位置所在水平面为零势面，机械能守恒定律 $\frac{1}{2}(m+m_B)\nu^2+$

$E_{p1}=(m+m_B)g\dfrac{x}{2}+E_{p2}$，$E_{p2}$ 为物块到离 O 点 $0.5x$ 时弹簧具有的弹性势能，

又知 $E_{p2}=\dfrac{1}{4}E_{p1}=\dfrac{1}{8}mgx$，由以上各式整理可得 $4m_B^2-5mm_B-m^2=0$，解得

$m_B=\dfrac{5+\sqrt{41}}{8}m\approx1.43m$（另一解舍去），选项 B 正确；根据能量守恒定律，

碰撞过程产生的热量 $Q=\dfrac{1}{2}m_B\nu_B^2-\dfrac{1}{2}(m+m_B)\nu^2$，结合上面式子代入可得 Q

$=\dfrac{1}{2}m_B\nu_B^2\dfrac{m}{m+m_B}=\dfrac{mm_Bgx}{m+m_B}\approx0.59mgx$，选项 C 正确；因为两物块总质量约为

$2.43m$，加速度为零的位置离 O 点距离为 $2.43x$，根据对称性和题中已知条件

可知，两物块下落过程中弹簧的最大压缩量 $\Delta x_m=$（$2.43x-0.5x$）$\times2+$

$0.5x=4.36x$，选项 D 错误。

【教学建议】 弹簧类问题中物块加速度为零的位置往往是物块运动状态的

转折点，也是能否成功解决问题的关键。弹簧模型中的物块常常做简谐运动，

看似是选修 3-4 内容，其实根据运动的对称性完全可以解决问题，教材虽然

没有呈现弹簧弹性势能的公式 $E_p=\dfrac{1}{2}k\Delta x^2$，但完全可以利用变力（线性变

化）做功的知识解决问题。教学中对一些貌似"超纲"的"冷考点"，适当

时要进行"热处理"，复习备考更要"冷""热"兼顾，全面推进。

56. 光滑的水平面上有物块 A，B 用一根轻弹簧拴接，质量分别为 m_1，

m_2，且 $m_1>m_2$，系统处于静止状态。现分别按图 1-88 甲、乙所示方式给 A，

B 一个沿弹簧轴线方向的水平速度 ν，弹簧始终在弹性限度内，下列说法正确

的是（　　）

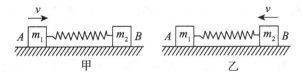

图 1-88

A. 物块 A，B 共速时方式甲的速率较大

B. 物块 A，B 共速时方式乙弹簧弹性势能较大

C. 弹簧弹力再次为零时，图 $1-88$ 甲中 A 与图乙中 B 速率相等

D. 弹簧弹力再次为零时，图 $1-88$ 甲中 B 与图乙中 A 速率相等

【设计意图】主要考查学生的理解能力、推理能力、分析综合能力以及应用数学知识解决物理问题的能力，考查内容涉及弹簧弹性势能、功能关系、机械能守恒定律及其应用、动量守恒定律的应用等。题目借助学生熟悉的弹簧模型，通过变换方式，植入"一动一静"完全弹性碰撞模型，考查学生综合运用规律解决问题的能力，旨在促进学生能量观念的形成以及推理判断等科学思维的提升。

【题目分析】对方式甲，系统动量守恒、机械能守恒，物块 A，B 共速时有 $m_1 v = (m_1 + m_2) v_{共}$，可得 $v_{共} = \dfrac{m_1}{m_1 + m_2} v$，因 $m_1 > m_2$，故选项 A 正确；根据机械能守恒，此时弹簧的弹性势能 $E_p = \dfrac{1}{2} m_1 v^2 - (m_1 + m_2) v_{共}^2 = \dfrac{m_1 m_2}{2(m_1 + m_2)} v^2$，可见物块 A，B 的共速时方式甲、乙弹簧弹性势能相等，故选项 B 错误；当弹簧弹力再次为 0 时，根据系统动量守恒、机械能守恒 $m_1 v = m_1 v_1 + m_2 v_2$，$\dfrac{1}{2} m_1 v^2 = \dfrac{1}{2} m_1 v_1^2 + \dfrac{1}{2} m_2 v_2^2$，代入解得方式甲中物块 A，B 的速率分别为 $v_{1甲} = \dfrac{m_1 - m_2}{m_1 + m_2} v$，$v_{2甲} = \dfrac{2m_1}{m_1 + m_2} v$，同理可得 $v_{1乙} = \dfrac{2m_2}{m_1 + m_2} v$，$v_{2乙} = \dfrac{m_2 - m_1}{m_1 + m_2} v$，则 $v_{1甲} : v_{2乙} = 1 : 1$，$v_{2甲} : v_{1乙} = m_1 : m_2$，故选项 C 正确，D 错误。

【教学建议】光滑水平面上运动小球 1 对心碰撞静止小球 2，碰撞过程没有机械能损失，这就是典型的一维内"一动一静"完全弹性碰撞模型，碰撞过程发生动能与弹性势能的相互转化。题目中图甲中的物块 A，B 本质上就是"小球 1""小球 2"，整个相互作用过程中，发生了弹簧弹性势能与物块动能之间的相互转化，当弹簧再次处于原长时，就相当于"小球 1""小球 2"的弹性碰撞结束。在教学中，教师要创设情景，透过现象认识本质，引导学生在解决问题的过程中构建内化知识，把书读"薄"！

57. 如图 $1-89$ 所示，水平固定一光滑细长杆，一质量为 $2m$ 的小滑块 A

套在杆上。在杆上竖直固定挡板 P，A 静止靠在 P 的右侧，下端用长为 l 的细线悬挂一个质量为 m 的小球 B。将 B 拉至水平位置且细线刚好伸直后由静止释放。重力加速度为 g，则（　　）

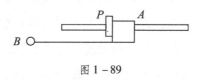

图 1-89

A. 小球 B 第一次运动到最低点时，杆对 A 的弹力为 $5mg$

B. 小球 B 第二次运动到最低点时，对细绳的拉力为 $\dfrac{11}{9}mg$

C. 小球 B 在运动过程中相对最低点上升的最大高度为 $\dfrac{l}{3}$

D. 滑块 A 在运动过程中最大速度为 $\dfrac{2}{3}\sqrt{2gl}$

【设计意图】 主要考查学生的理解能力、推理能力以及分析综合能力，考查内容涉及牛顿运动定律、功能关系、机械能守恒定律及其应用、动量守恒定律的应用等。题目借助"小球-细线-滑块"模型，植入同一平面内的"一动一静"完全弹性碰撞模型，考查学生综合运用定律、定理解决问题的能力，促进学生能量观念的形成以及抽象与概括、推理与判断等关键能力的提升。

【题目分析】 小球 B 从水平位置到最低点时，机械能守恒 $\dfrac{1}{2}mv^2 = mgl$，在最低点 $T - mg = m\dfrac{v^2}{l}$，对 A 根据平衡条件 $F_A - T - 2mg = 0$，代入可得 $F_A = 5mg$，故选项 A 正确；从 B 第一次运动到最低点后到最高点，系统水平方向动量守恒 $mv = (m+2m)v_{共}$，系统机械能守恒 $mgh = \dfrac{1}{2}mv^2 - \dfrac{1}{2}(m+2m)v_{共}^2$，代入可得 $h = \dfrac{2l}{3}$，故选项 C 错误；当 B 第二次到达最低点时，物块 A 的速度最大，设为 v_2，小球 B 速度为 v_1，动量守恒 $mv = mv_1 + 2mv_2$，由机械能守恒可得 $\dfrac{1}{2}mv^2 = \dfrac{1}{2}mv_1^2 + \dfrac{1}{2}\times 2mv_2^2$，代入解得 $v_1 = -\dfrac{\sqrt{2gl}}{3}$，$v_2 = \dfrac{2\sqrt{2gl}}{3}$，故选项 D 正确；$B$ 第二次运动到最低点时，B 相对悬挂点（圆心）的速度大小为 $v =$

$\left| v_1 - v_2 \right| = \sqrt{2gl}$，根据牛顿第二定律有 $T - mg = m\dfrac{v^2}{l}$，可得 $T = 3mg$，故选项 B 错误。

【教学建议】对于"一动一静"完全弹性碰撞的教学，除了落实传统意义上的完全弹性碰撞有关知识外，备考复习时还可以根据学生的实际水平适当进行延伸拓展，可以在静电场、电磁感应、原子物理的学习中植入"完全弹性碰撞"的内容，也可以从典型的"一维碰撞"拓展到平面内的"二维碰撞"，该题就属于"二维碰撞"，当 B 从第一次最低点运动到共速过程中，发生部分动能转化成重力势能，接着小球再运动到最低点过程，重力势能转化成动能，此时相当于"一动一静"碰撞结束。另外，圆周运动中的线速度是相对圆心速度而言的，这一点虽然在高考复习备考中属于"另类"知识点，但"踩点"还是必要的。

八、机械振动和机械波

58. 一列简谐横波沿 x 轴传播，图 1-90 甲是 $t = 1\text{s}$ 时的波形图，图 1-90 乙是 $x = 3\text{m}$ 处质点的振动图像，则下列说法中正确的是（   ）

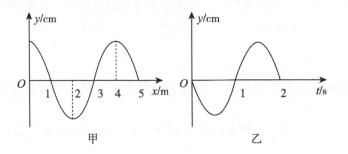

甲   乙

图 1-90

A. 该波沿 x 轴正方向传播

B. 该波的传播速度大小为 2m/s

C. $t = 1\text{s}$ 时，$x = 3\text{m}$ 处的质点沿 y 轴负方向运动

D. $t = 0$ 时，$x = 1\text{m}$ 处的质点沿 y 轴正方向运动

E. 图甲波形图的波峰与图乙振动图像的振幅相同

【设计意图】主要考查学生的理解能力和推理能力，考查内容涉及横波的图像、波速、波长和频率（周期）的关系等。题目借助"振动图像"和"波

形图"，通过设置某一时刻的波形图和某一位置质点的振动图像来创设问题情景，考查学生对简谐运动和机械波的理解能力，促进学生物理观念的形成以及科学思维的提升。

【题目分析】由图 1−90 甲、乙可知，$t=1\text{s}$ 时，$x=3\text{m}$ 处质点向 $+y$ 方向运动，故选项 C 错误；通过图 1−90 甲沿 x 轴平移波形图可以判定该波沿 $-x$ 轴方向传播，故选项 A 错误；由图 1−90 甲知波长 $\lambda=4\text{m}$，由图 1−90 乙知周期 $T=2\text{s}$，故波速 $v=\dfrac{\lambda}{T}=2\text{m/s}$，故选项 B 正确；$x=1\text{m}$ 与 $x=3\text{m}$ 处的质点运动方向总是相反（处于波峰或波谷时速度为零除外），由乙图知 $t=0$ 时，$x=3\text{m}$ 处的质点沿 $-y$ 轴方向运动，可见该时刻 $x=1\text{m}$ 处的质点沿 $+y$ 轴方向运动，故选项 D 正确；振幅就是质点离开平衡位置的最大距离，与波形图的波峰相同，故选项 E 正确。

【教学建议】教学中可以通过思维导图的模式引导学生自主构建知识脉络，如图 1−91 所示。

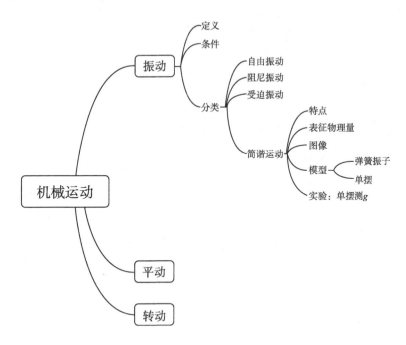

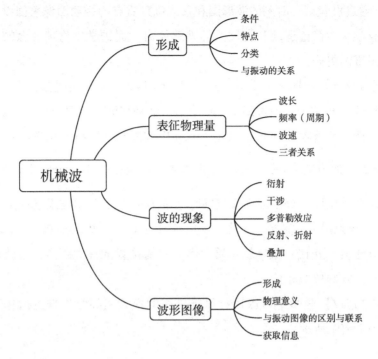

图 1−91

一、静电场

59. 真空中两个相同的带等量电荷的金属小球 A 和 B，分别固定在两处，两球间静电力大小为 F。现用一个不带电的同样的小球先与 A 接触再与 B 接触，然后固定在 A，B 连线的中点处，小球均视为点电荷，则此时小球 A，B 受到的静电力大小可能是（　　）

A. $F_A = \dfrac{5}{8}F$ B. $F_A = \dfrac{13}{8}F$ C. $F_B = \dfrac{3}{8}F$ D. $F_B = \dfrac{21}{8}F$

【设计意图】主要考查学生的理解能力和推理能力，考查内容涉及电荷守恒定律、点电荷、库仑定律等。题目利用静电力方向的不确定性，通过介入第三球后使带电体的电荷量和静电力个数发生变化，从而使静电力合力发生变化，考查学生建构物理图景的能力以及利用库仑定律、电荷守恒定律解决问题的能力，引导学生加强对基本物理概念和规律的理解，促进学生物质观念、相互作用观念的形成和发散性思维的发展。

【题目分析】设金属小球 A 和 B 的带电量为 q，根据库仑定律，静电力 $F = k\dfrac{q^2}{r^2}$，当 A，B 为异种电荷（设 A 负 B 正）时，静电力如图 2-1 所示。

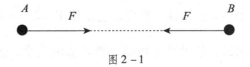

图 2-1

当用一个不带电的同样小球（设为 C）先与 A 接触再与 B 接触后，根据电荷守恒定律，$q_A = -\dfrac{q}{2}$，$q_B = q_C = \dfrac{q}{4}$，C 固定在 A，B 连线的中点处后，A，B 受静电力如图 2-2 所示。

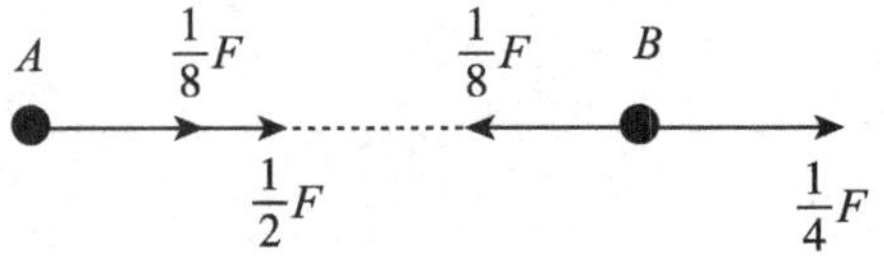

$$A \quad \xrightarrow{\frac{1}{8}F} \quad \xleftarrow{\frac{1}{8}F} \quad B$$
$$\frac{1}{2}F \qquad\qquad \frac{1}{4}F$$

图 2-2

此时小球 A，B 受到的库仑力大小为 $F_A = \dfrac{5}{8}F$，$F_B = \dfrac{1}{8}F$，故选项 A 正确。当 A，B 为同种电荷时，静电力如图 2-3 所示。

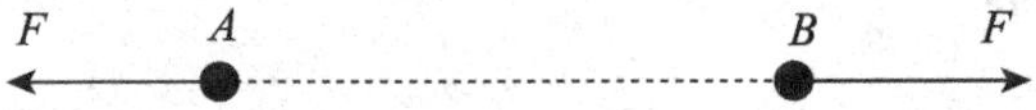

$$F \quad \longleftarrow \quad A \cdots\cdots B \quad \longrightarrow \quad F$$

图 2-3

当用一个不带电的同样的小球（设为 C）先与 A 接触再与 B 接触后，根据电荷守恒定律，$q_A = \dfrac{q}{2}$，$q_B = q_C = \dfrac{3q}{4}$，$C$ 固定在 A，B 连线的中点处后，A，B 受静电力如图 2-4 所示，此时小球 A，B 受到的静电力大小为 $F_A = \dfrac{15}{8}F$，$F_B = \dfrac{21}{8}F$，故选项 B、C 错误，选项 D 正确。

$$\xleftarrow{\frac{3}{8}F} \quad A \cdots\cdots B \quad \xrightarrow{\frac{3}{8}F}$$
$$\frac{3}{2}F \qquad\qquad \frac{9}{4}F$$

图 2-4

【教学建议】建立正确的问题情景是解决静电力问题的关键，解决问题时要边审题边画图，把抽象的文字具体化。利用电荷守恒定律解决问题时，一定要注意带电体所带电荷的电性，利用库仑定律 $F = k\dfrac{q_1 q_2}{r^2}$ 解决问题时要注意定律的适用条件，公式只能计算点电荷间静电力的大小，静电力的方向要通过电荷间的相互作用规律去判定。

60. 如图 2-5 所示，足够大的光滑绝缘水平面上有三个带电小球 a，b，c，球 b 保持静止，a 和 c 绕 b 做角速度相同的匀速圆周运动，其中 a，c 和 b 的距离分别是 r_1 和 r_2。不计万有引力作用，则 a 和 c 的（　　）

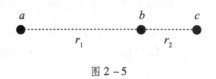

图 2-5

A. 质量之比为 $\dfrac{r_1}{r_2}$

B. 带电量之比为 $\dfrac{r_1^2}{r_2^2}$

C. 向心力之比为 $\dfrac{r_1}{r_2}$

D. 比荷之比为 $\dfrac{r_1^3}{r_2^3}$

【设计意图】 主要考查学生的理解能力和推理能力，考查内容涉及牛顿运动定律、库仑定律、匀速圆周运动的向心力等。题目利用光滑绝缘水平面上三个带电小球构成类"双星"模型创设出新颖的问题情景，考查学生利用物理定律、规律解决问题的能力，促进学生物理观念的形成和科学思维的发展。

【题目分析】 球 b 静止，球 a 和 c 绕 b 做匀速圆周运动，球 a（c）与 b 带异种电荷，受力如图 2-6 所示，对球 b，根据平衡条件和库仑定律 $k\dfrac{q_a q_b}{r_1^2} = k\dfrac{q_c q_b}{r_2^2}$，可得 $\dfrac{q_a}{q_c} = \dfrac{r_1^2}{r_2^2}$，选项 B 正确；小球 a 和 c 绕球 b 做匀速圆周运动，角速度相同，对球 a 有 $F_{ba} - F_{ca} = m_a \omega^2 r_1$，对球 c 有 $F_{bc} - F_{ac} = m_c \omega^2 r_2$，又有 $F_{ba} = F_{ab}$，$F_{ca} = F_{ac}$，$F_{cb} = F_{bc}$，故 $m_a \omega^2 r_1 = m_c \omega^2 r_2$，可得 $\dfrac{m_a}{m_c} = \dfrac{r_2}{r_1}$，选项 A 错误；向心力之比为 $1:1$，选项 C 错误；比荷之比为 $\dfrac{q_a m_c}{q_c m_a} = \dfrac{r_1^3}{r_2^3}$，选项 D 正确。

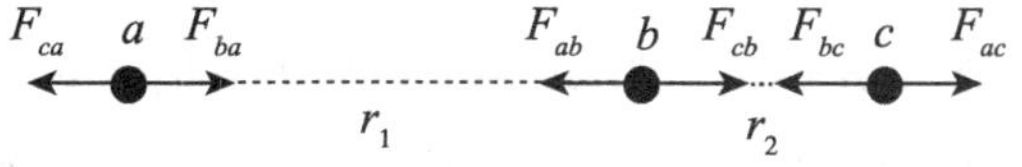

图 2-6

【教学建议】利用库仑定律解决匀速圆周运动问题时，做好受力分析找出向心力是关键，特别是有"第三者"介入时，更要缜密分析。另外，对于静电场中的类"双星"模型，建议在高考第二轮备考复习中，归入到"万有引力在天文学上应用"的专题中，以小专题的形式串讲"双星或多星"模型。

61. 如图 2-7 所示，斜面体 C 置于水平地面上，其绝缘侧壁有一带电体 P，斜面上的物块 B 通过绝缘细绳跨过斜面顶端的光滑定滑轮与带电小球 A 连接，系统处于静止状态。在 P 缓慢漏电的过程中，下列说法正确的是（　　　）

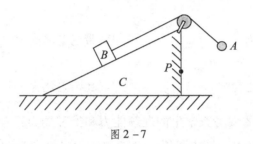

图 2-7

A. 细绳对 B 的拉力保持不变

B. C 对 B 的摩擦力大小可能先减小后增大

C. C 对地面的压力一直减小

D. C 对地面的摩擦力一直减小

【设计意图】主要考查学生的理解能力和推理能力，考查内容涉及库仑定律、力的合成和分解、共点力的平衡、静摩擦力等。题目的创设受 2019 年高考全国 I 卷第 19 题的启发，巧妙借助"斜面 + 连接体"模型，通过"带电体 P 漏电"来创设动态平衡问题，考查学生运用库仑定律、共点力平衡等知识分析、解决问题的能力，促进学生物理观念的形成和推理能力的提升。

【题目分析】对 A 受力分析如图 2-8 所示，矢量三角形与实物三角形相似，即 $\triangle DAP \backsim \triangle AEH$，有 $\dfrac{T}{mg} = \dfrac{DA}{DP}$，在 P 缓慢漏电的过程中，细绳对 B 的拉力保持不变，选项 A 正确；对 B，因细绳对 B 的拉力保持不变，故 C 对 B 的摩擦力大小不变，选项 B 错误；对 A，B，C 整体，地面对 C 的支持力等于总重力，地面对 C 的摩擦力为零，根据牛顿第三定律，C 对地面的压力大小不变，C 对地面的摩擦力为零，选项 C，D 错误。

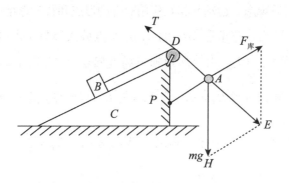

图 2 - 8

【教学建议】 解决连接体问题常用"隔离法"，对隔离对象进行受力分析，若"三力平衡"则考虑运用三角形定则，基本思路是寻找力的"矢量三角形"与"实物三角形"的相似，再由变化情况确定相关关系。解决连接体问题也常用"整体法"，选择哪些对象作为整体，要视考察的问题而确定。

62. 如图 2 - 9 所示，真空中正三角形 ABC 的 A，B 两点放入等量正点电荷，在三角形平面内垂直 AB 连线的方向上加一大小为 E 的匀强电场，测得 C 点处场强度的大小为 $2E$。如果仅改变点电荷 A 的电性，其他条件不变，则 C 点处场强度的大小为（　　）

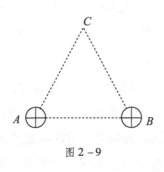

图 2 - 9

A. $\dfrac{2\sqrt{3}}{3}E$　　　　B. $\sqrt{2}E$　　　　C. $2E$　　　　D. $\dfrac{3\sqrt{2}}{2}E$

【设计意图】 主要考查学生的理解能力、推理能力以及应用数学知识解决物理问题的能力，考查内容涉及点电荷、等量同种点电荷的场强、场强的叠加等。题目利用等量正点电荷中垂线上的场强与外加匀强电场的叠加，通过变换电荷的电性，结合匀强电场方向的不确定性，考查学生能否根据静电场知识构建正确的物理图景，重点考查学生利用场强叠加原理和数学知识解决问题的能力，促进学生物质观念、运动与相互作用观念的形成和科学思维的发展。

【题目分析】当正三角形 ABC 的 A，B 两点放入等量正点电荷，C 处场强如图 2 – 10 甲所示。（1）当外加匀强电场方向垂直 AB 向上，结合题意可知 $E_C = E$，由数学知识可得 $E_A = E_B = \dfrac{\sqrt{3}}{3}E_C = \dfrac{\sqrt{3}}{3}E$，仅改变点电荷 A 的电性，C 处场强如图 2 – 10 乙所示，由数学知识可得 $E_C = E_A = E_B = \dfrac{\sqrt{3}}{3}E$，此时 C 处的实际场强为 $E_合 = \sqrt{E_C^2 + E^2} = \dfrac{2\sqrt{3}}{3}E$。（2）当外加匀强电场方向垂直 AB 向下，结合题意可知 $E_C = 3E$，同理，解得 $E_A = E_B = \sqrt{3}E_C = \sqrt{3}E$，$E_合 = 2E$。故选项 A，C 正确，选项 B，D 错误。

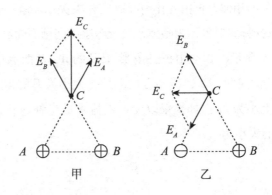

图 2 – 10

【教学建议】矢量的叠加遵循平行四边形定则，对于电场强度的叠加，熟悉常见电场（孤立点电荷、等量点电荷、点电荷与接地金属板、平行板电容器）是成功解决问题的关键。知识的学习往往先"入"为主，因此在"电场强度"新授课教学中，要想方设法做好演示实验，不惜花一定时间引导学生由"感性"到"理性"真正搞清常见电场的分布情况。

63. 如图 2 – 11 所示，等边三角形 abc 的中心 O 处有一电荷量为 $+Q$ 的点电荷，d，f 分别为 ac，aO 边的中点。已知静止点电荷电场中任一点的电势满足 $\varphi = k\dfrac{Q}{r}$，r 为该点到点电荷的距离，k 为静电力常量，下列说法正确的是（　　　）

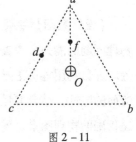

图 2 – 11

A. a，d 点的电场强度大小满足 $E_a : E_d = 1:2$

B. c，d 点的电势满足 $\varphi_c : \varphi_d = 1:2$

C. da，fa 间的电势差满足 $U_{da} : U_{fa} = \sqrt{3}:1$

D. 将一质子由 d 点移到 c 点和由 d 点经点 a 点移到 b 点，电场力所做的功满足 $W_{dc} : W_{dab} = 1:3$

【设计意图】 主要考查学生的理解能力和推理能力，考查内容涉及点电荷、点电荷的场强、电势能、电势、电势差等描述静电场的物理量及其关系、电场力做功等。题目把孤立点电荷周围空间要考查的一簇等势点设置在等边三角形的外接圆上，另一簇要考查的等势点设置在等边三角形的内切圆上，考查学生能否运用数学知识构建正确的物理图景，考查学生的信息加工和逻辑推理等关键能力，促进学生物理观念和科学思维的形成和发展。

【题目分析】 由数学知识可知，d，f 点到 O 点距离相等，故 $r_a : r_d = 2:1$，根据点电荷场强规律 $E = k\dfrac{Q}{r^2}$，可知 $E_a : E_d = 1:4$，选项 A 错误；又知 $r_c : r_d = 2:1$，据点电荷电势规律 $\varphi = k\dfrac{Q}{r}$，可知 $\varphi_c : \varphi_d = 1:2$，选项 B 正确；$da$，$fa$ 间的电势差满足 $U_{da} = \varphi_d - \varphi_a = \varphi_f - \varphi_a = U_{fa}$，选项 C 错误；质子由 d 点移到 c 点和由 d 点经 a 点移到 b 点，电场力所做的功之比 $W_{dc} : W_{dab} = W_{da} : W_{da} = 1:1$，选项 D 错误。

【教学建议】 电场有力和能两方面的性质，相比之下，学生对力方面的性质即电场强度的掌握情况比较好，因此教学中要加强对电势能、电势章节新授课的深入研究，在时间的分配上要有所侧重，不能寄希望在习题教学中再帮学生弄清物理概念。

64. 如图 2 - 12 所示，光滑绝缘足够大的水平面上 P 点固定一点电荷，在点电荷的附近静止释放一个带电小球，小球在电场力作用下向右运动，则在小球加速运动过程中（　　）

P

图 2 - 12

A. 在相等的时间间隔内，电势能的减少量逐渐减小

B. 在相等的时间间隔内，动量的增加量逐渐增大

C. 在运动相同距离的过程中，电势能的减少量逐渐增大

D. 在运动相同距离的过程中，动量的增加量逐渐减小

【设计意图】主要考查学生的理解能力和推理能力，考查内容涉及库仑定律、动量定理、动能定理、动能与动量的大小关系、电场力做功与电势能的变化关系等。题目从时间、空间两个维度设置点电荷对带电小球变力做功的问题情景，要求学生会应用规律推导变力作用下小球动量与动能变化的关系式，考查学生应用规律、定理解决问题的能力，促进学生运动与相互作用观念、能量观念的形成和科学思维的提升。

【题目分析】根据库仑定律，小球向右运动过程中所受库仑力越来越小，根据动量定理，在相等的时间间隔内，动量的增加量逐渐减小，选项 B 错误；而小球电势能的减少量等于其动能的增加量，$\Delta E_p = \Delta E_k = \dfrac{p_n^2 - p_{n-1}^2}{2m}$，

即 $\Delta E_p = \dfrac{(p_n + p_{n-1})\,\Delta p}{2m}$，在相等的时间间隔内，$(p_n + p_{n-1})$ 增大，而 Δp 减小，ΔE_p 不确定，选项 A 错误；小球在运动相同距离的过程中，同理可知，根据动能定理，电势能的减少量逐渐减小，根据前式有 $\Delta p = \dfrac{2m\Delta E_p}{p_n + p_{n-1}}$，且 $(p_n + p_{n-1})$ 增大，而 ΔE_p 减小，故 Δp 减小，选项 C 错误，选项 D 正确。

【教学建议】动能是标量，动量是矢量，两者本质上没有联系，大小上有一定的关系，教学中不仅要教给学生动能与动量大小的关系式 $E_k = \dfrac{p^2}{2m}$，还要引导学生推导动能与动量变化的关系式 $\Delta E_p = \dfrac{(p_n + p_{n-1})\,\Delta p}{2m}$。同时，教学中还要适当关注一些跨知识点的问题，特别是看起来像"梨子"而吃起来是"苹果"味的题型。

65. 如图 2 - 13，在光滑绝缘的足够长水平面上有两个静止的带电小球 1 和 2，带电量 $q_1 = 2q_2 > 0$，质量 $m_1 = 2m_2$，现给球 1 一沿两球心连线的初速度 v_0，两球运动过程中不接触，下列说法正确的是（   ）

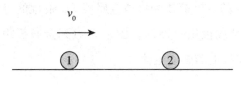

图 2 – 13

A. 当两球距离最近时，球 1 与球 2 加速度大小之比为 1:1

B. 当两球距离最近时，球 1 克服库仑力做的功与其初动能之比为 5:9

C. 当两球距离最近时，库仑力对球 2 做的功与球 1 初动能之比为 3:7

D. 最终两球的动能之比为 1:8

【设计意图】 主要考查学生的理解能力和推理能力，考查内容涉及牛顿第二定律、库仑定律、动能定理、机械能守恒定律、动量守恒定律等。题目利用两个带同种电荷的小球建构类似于"一动一静"完全弹性碰撞的模型，从动力学和能量的角度创设问题情景，考查学生应用规律、定律解决问题的能力，促进学生运动与相互作用观念、能量观念的形成和推理判断能力的提升。

【题目分析】 任何时候两球库仑力大小都相等，又有 $m_1 = 2m_2$，加速度大小之比为 1:2，故选项 A 错误；当两球距离最近时速度相等，系统动量守恒，有 $m_1 v_0 = (m_1 + m_2) v$，可得 $v = \dfrac{m_1}{m_1 + m_2} v_0 = \dfrac{2}{3} v_0$，根据动能定理，对球 1 有

$W_1 = \dfrac{1}{2} m_1 v_0^2 - \dfrac{1}{2} m_1 v^2 = \dfrac{5}{9} \times \dfrac{1}{2} m_1 v_0^2$，故选项 B 正确；对球 2 有 $W_2 = \dfrac{1}{2} m_2 v^2 =$

$\dfrac{2}{9} \times \dfrac{1}{2} m_1 v_0^2$，故选项 C 错误；设最终两球的速度分别为 v_1，v_2，由系统动量守恒和机械能守恒，$m_1 v_0 = m_1 v_1 + m_2 v_2$，$\dfrac{1}{2} m_1 v_0^2 = \dfrac{1}{2} m_1 v_1^2 + \dfrac{1}{2} m_2 v_2^2$，代入解

得 $v_1 = \dfrac{m_1 - m_2}{m_1 + m_2} v_0 = \dfrac{1}{3} v_0$，$v_2 = \dfrac{2m_1}{m_1 + m_2} v_0 = \dfrac{4}{3} v_0$，可知最终两球的动能之比为 1

:8，故选项 D 正确。

【教学建议】 典型的"一动一静"完全弹性碰撞，碰撞过程发生了动能和弹性势能的相互转化，题中两个带同种电荷的小球在逐渐靠近又逐渐远离的过程中，动能和电势能发生了相互转化，类似于"一动一静"完全弹性碰撞模型。建议在高考第二轮备考复习中将其纳入"碰撞"专题中，以小专题的形式串讲"'一动一静'完全弹性碰撞"模型。

66. 电荷量为 Q 的点电荷 A 和接地金属板 BC 附近的电场线分布如图 2 – 14 所示，点电荷与金属板相距为 $2d$，图中 P 点到金属板距离为 d。已知静电力常数为 k，则金属板上的感应电荷（　　　）

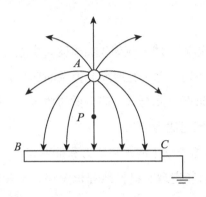

图 2 – 14

A. 在 P 点处产生的电场强度为 $\dfrac{kQ}{4d^2}$

B. 在 P 点处产生的电场强度为 $\dfrac{kQ}{9d^2}$

C. 对点电荷 A 的库仑力为 $\dfrac{kQ^2}{9d^2}$

D. 对点电荷 A 的库仑力为 $\dfrac{kQ^2}{16d^2}$

【设计意图】主要考查学生的理解能力和推理能力，考查内容涉及点电荷、点电荷的场强、库仑定律、等量异种点电荷的电场特点等。题目将等量异种点电荷电场特点迁移到点电荷和接地金属板的电场上考查，主要考查学生能否灵活深刻认识等量异种点电荷电场特点，能否灵活运用库仑定律、点电荷电场强度规律解决问题，重点考查学生的知识迁移能力以及运用等效替代、对称思想等方法解决问题的能力，促进学生物理观念和科学思维的形成和发展。

【题目分析】因金属板 BC 接地，其电势为零，点 P 处的电场与相距 $4d$ 的等量异种点电荷连线上距 A 为 d 处的场强相同，故可用相距 $4d$ 等量异种点电荷电场的上半部分，代替点电荷 A 和接地金属板 BC 附近的电场分布，如图 2 – 15。根据点电荷电场强度公式，金属板上的感应电荷在 P 点处产生的电场

强度为 $\dfrac{kQ}{(3d)^2}=\dfrac{kQ}{9d^2}$，选项 A 错误，B 正确；金属板上的感应电荷对点电荷 A 的库仑力为 $\dfrac{kQ^2}{(4d)^2}=\dfrac{kQ^2}{16d^2}$，选项 C 错误，D 正确。

【教学建议】 物理思想不仅能引领物理方法的形成与运用，而且还能对物理理论的发展起促进作用。物理思想主要包括：对称思想、守恒思想、可逆思想、等效思想、假说思想、比较思想、转换思想、相干思想、量子化思想、相对性思想等。该题利用等效替代、对称思想解决问题，能很好地落实学生科学思维能力的培养要求。建议在教学中筛选各单元章节中隐含物理思想的题目，并引导学生在自主解决问题的过程中，了解学科思想，体验学科思想，领悟学科思想，内化学科思想，着力培育学生的学科核心素养。

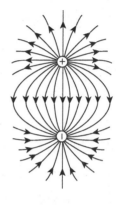

图 2 – 15

67. 如图 2 – 16 所示，足够长的绝缘斜面体 C 上有质量相同的带电体 A，B，当给两物体沿斜面向下相同的初速度时，A，B 匀速下滑，斜面体 C 保持静止。下列关于 A，B 与斜面间以及 C 与水平面间的动摩擦因数 μ_A，μ_B，μ_C 的说法可能正确的是（ ）

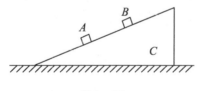

图 2 – 16

A. $0 \leqslant \mu_A < \mu_B$，$\mu_C > 0$

B. $\mu_A = \mu_B \geqslant 0$，$\mu_C > 0$

C. $\mu_A > \mu_B \geqslant 0$，$\mu_C = 0$

D. $\mu_A = \mu_B \geqslant 0$，$\mu_C = 0$

【设计意图】 主要考查学生的理解能力和推理能力，考查内容涉及库仑定律、牛顿运动定律、滑动摩擦力、动摩擦因数等。题目把两质量相同的带电体置于斜面体上，植入匀速直线运动情景模型，设计新颖，不落俗套。考查学生运用规律、定律解决问题的能力，重点考查学生利用整体法、隔离法解决问题的能力，促进学生发散思维能力的提升。

【题目分析】设带电体 A，B 的库仑力为 F，若带同种电荷，对 A 有：$mg\sin\theta + F - f_A = 0$，对 B 有：$mg\sin\theta - F - f_B = 0$，可得 $f_A > f_B$，又因为带电体 A，B 对斜面的压力大小相同，故由 $f = \mu mg\cos\theta$，可知 $\mu_A > \mu_B \geq 0$。若 A，B 带异种电荷，同理，对 A：$mg\sin\theta - F - f_A = 0$，对 B：$mg\sin\theta + F - f_B = 0$，可得 $f_A < f_B$，又因为带电体 A，B 对斜面的压力大小相同，可知 $0 \leq \mu_A < \mu_B$。对 A，B，C 整个系统，根据平衡条件，水平面对斜面体 C 没有摩擦力作用，因此 C 与水平面间的动摩擦因数可能为 $\mu_C = 0$ 或 $\mu_C > 0$。综上所述，μ_A，μ_B，μ_C 有四种可能：①$\mu_A > \mu_B \geq 0$，$\mu_C = 0$；②$\mu_A > \mu_B \geq 0$，$\mu_C > 0$；③$0 \leq \mu_A < \mu_B$，$\mu_C = 0$；④$0 \leq \mu_A < \mu_B$，$\mu_C > 0$。可见，选项 A 和 C 正确，选项 B 和 D 错误。

【教学建议】叠体问题的受力分析常常用到整体法、隔离法。整体法就是把几个物体看作一个整体来处理；隔离法是将研究对象从周围的环境中隔离出来单独进行研究，研究对象可以是一个物体。整体法、隔离法是对立统一的，因为任何物体看成一个整体后，都必须与周围环境隔离开来。

68. 如图 2-17 所示，某一竖直平面内 a，b，c，d 点到 o 点距离相等，c，d 间固定一根绝缘光滑水平细杆，a，b 处按四种方式放置等量电荷：①同正；②同负；③a 正 b 负；④a 负 b 正。分别给 c 处的带正电小金属环一相同的水平向右初速度，小环均能到达 d 点，关于小环从 c 处运动到 d 处的过程中，下列说法正确的是（ ）

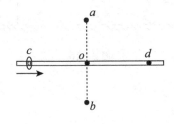

图 2-17

A. 方式①②小环到达 d 处速度相同

B. 方式①②小环到达 d 处所用时间相同

C. 方式③④小环均做匀速直线运动

D. 方式③④小环到达 o 处对杆的弹力大小可能相差环重力的 2 倍

【设计意图】主要考查学生的理解能力和推理能力，考查内容涉及共点力的平衡、库仑定律、电场强度、点电荷的场强等。题目借助等量点电荷的电场线模型，通过变换电荷的电性组合来创设问题情景，考查学生对等量点电荷电场线模型的理解程度，同时考查学生应用规律、定律解决问题的能力，促进学生发散思维等能力的提升。

【题目分析】当 a，b 处按方式①放置等量电荷时，杆上电场线分布情况如图 2 – 18 甲所示，带正电小金属环先减速后加速，根据对称性，到达 d 时速度与初速度相同；当 a，b 处按方式②放置等量电荷时，杆上电场线分布情况如图 2 – 18 乙所示，带正电小金属环先加速后减速，根据对称性，到达 d 时速度与初速度相同，可知选项 A 正确，但方式②小环先到达 d 处，故选项 B 错误。当 a，b 处按方式③放置等量电荷时，杆上电场线分布情况及小环在 o 处受力如图 2 – 19 甲所示，小环在水平方向不受力，做匀速运动，在 o 处 $F_3 = F_电 + mg$；当 a，b 处按方式④放置等量电荷时，杆上电场线分布情况及小环在 o 处受力如图 2 – 19 乙所示，小环在水平方向不受力，做匀速直线运动，故选项 C 正确，在 o 处 $F_4 + F_电 = mg$ 或者 $F_电 = mg + F_4$，方式③④$F_电$ 大小相同，可得 $F_3 - F_4 = 2F_电$ 或者 $F_3 - F_4 = 2mg$，选项 D 错误。

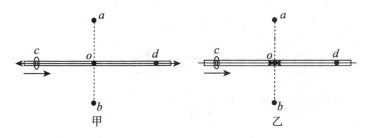

图 2 – 18

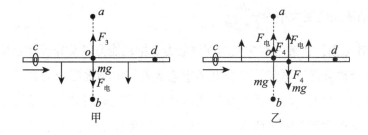

图 2 – 19

【教学建议】复习备考"等量点电荷"的电场时，空间维度可按"二线一面"来构建，"二线"是指两电荷的连线与其中垂线，"一面"是指连线的中垂面，特别要注意电场强度的矢量性。知识维度可按电场的力和能两方面的性质来比对构建。物理思想维度可植入对称思想、等效思想、比较思想、转换思想等，尽量做到"色香味"俱全，以触发学生学习的"味蕾"，降低学生复习的"疲劳度"。

69. 如图 2 - 20 所示，板间距离为 d 的平行板电容器与电源相连，下极板接地，一带电油滴位于电容器中的 P 点，开关 S 闭合后，油滴恰好处于平衡状态。现将平行板电容器的上极板竖直向上移动一小段距离 Δd，已知重力加速度为 g，则下列说法正确的是（   ）

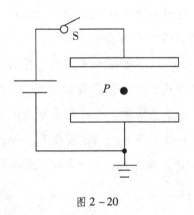

图 2 - 20

A. 电容器极板带电荷量比原来减少了 $\dfrac{\Delta d}{d + \Delta d}$

B. P 点的电势比原来降低了 $\dfrac{d}{d + \Delta d}$

C. 油滴在 P 点的电势能比原来升高了 $\dfrac{\Delta d}{d + \Delta d}$

D. 油滴加速度大小为 $\dfrac{dg}{d + \Delta d}$

【设计意图】主要考查学生的理解能力、推理能力以及分析综合能力，考查内容涉及电势能、电势、匀强电场中电势差与电场强度的关系、电容器的电压、电荷量和电容的关系以及牛顿运动定律及其应用等。题目借助常见平行板电容器模型创设问题情景，从常见的定性考查提升到"定量"设问，能力要求更高，注重对静电场中核心概念、规律的考查，引导学生加强对基本物理概念和规律的理解，夯实基础，回归教材，促进学生物质观念、能量观念的形成和发展以及科学推理、科学论证等科学思维的提升。

【题目分析】电容器两端电压等于电源电动势，即 $U = E_{源}$，电容器上极板竖直向上移动一小段距离 Δd 后，电容器电容减小了 $\Delta C = \dfrac{\varepsilon S}{4\pi k d} - \dfrac{\varepsilon S}{4\pi k\ (d+\Delta d)} = \dfrac{\varepsilon S}{4\pi k d} \cdot \dfrac{\Delta d}{d+\Delta d}$，极板带电荷量减少了 $\Delta Q = \Delta C \cdot E_{源} = \dfrac{\varepsilon S E_{源}}{4\pi k d} \cdot \dfrac{\Delta d}{d+\Delta d} = Q_{原} \cdot \dfrac{\Delta d}{d+\Delta d}$，选项 A 正确；设点 P 到电容器下极板的距离为 x，P 点的电势 $\varphi_P = U_{P0} = \dfrac{E_{源}}{d} x$，上极板移动一小段 Δd 后，P 点的电势变化了 $\Delta\varphi_P = \dfrac{E_{源}}{d+\Delta d} x - \dfrac{E_{源}}{d} x = -x \dfrac{E_{源}}{d} \cdot \dfrac{\Delta d}{d+\Delta d}$，即比原来降低了 $\dfrac{\Delta d}{d+\Delta d}$，选项 B 错误；根据平衡条件可知，油滴带负电，设带电量为 $-q$，电势能变化 $\Delta E_{\mathrm{p}} = -q\Delta\varphi = x \dfrac{qE_{源}}{d} \cdot \dfrac{\Delta d}{d+\Delta d}$，即电势能比原来增加了 $\dfrac{\Delta d}{d+\Delta d}$，选项 C 正确；根据牛顿第二定律 $mg - \dfrac{qE_{源}}{d+\Delta d} = ma$，又有 $mg = \dfrac{qE_{源}}{d}$，可得油滴加速度大小为 $a = \dfrac{\Delta d g}{d+\Delta d}$，选项 D 错误。

【教学建议】在静电场学习过程中，"电势"和"电势能"既是重点，更是难点，两者呈现的先后顺序有点类似于"鸡蛋和母鸡谁先出现"的问题，令人纠缠不清。建议教学"电势差"内容后，要对"电势"做"回炉"处理，引导学生弄明白电场中某点的电势就是该点到零电势点的电势差。另外，在计算电势、电势能的大小时，电荷的正负号要代进公式去运算，比较电势、电势能的大小时，正负号也要考虑。如果学生学有余力，可以对该题目从"改变接地极板"或"S 闭合后"等方面进行拓展。

70. ①如图 2 - 21 所示为某电容传声器结构示意图，当人对着传声器讲话，膜片会振动。若某次膜片振动时，膜片与极板距离增大，则在此过程中（　　）

A. 膜片与极板间的电容变小

B. 极板的带电量增大

C. 膜片与极板间的电场强度增大

D. 电阻 R 中有电流通过

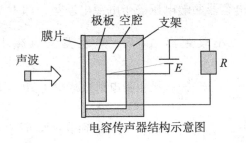

电容传声器结构示意图

图 2-21

70. ②传感器在生活中有很多应用，电容式加速度传感器在安全气囊、手机移动设备等方面应用广泛，其原理如图 2-22 所示，质量块左、右侧分别连接电介质、轻质弹簧，弹簧与电容器固定在外框上，质量块可带动电介质相对于外框无摩擦左右移动，但不能上下移动。下列关于该传感器的说法正确的是（　　）

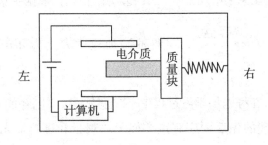

图 2-22

A. 当电路中没有电流时，电容器所带电荷量一定都相等

B. 当电路中没有电流时，传感器一定处于平衡状态

C. 当电路中有顺时针方向的电流时，电容器的电容一定增大

D. 当电路中有顺时针方向的电流时，传感器可能向左也可能向右运动

【设计意图】主要考查学生的理解能力、推理能力以及分析综合能力，考查内容涉及电容器的电压、电荷量和电容的关系、胡克定律、共点力的平衡、牛顿运动定律等。题目以电容传声器、电容式加速度传感器为背景素材，通过常见平行板电容器模型创设问题情景，考查学生综合应用规律、定律解决实际问题的能力，引导学生关注日常生产生活中的物理问题，激发学生的学习兴趣，促进学生物质观念、能量观念的形成和逻辑思维能力的提升。

【题目①分析】膜片与极板构成一个电容器，膜片与极板距离 d 增大过程中，由 $C = \dfrac{\varepsilon S}{4\pi kd}$ 可知，电容器的电容减小，选项 A 正确；又电容器两端的电压 U 保持不变，根据 $Q = CU$ 可知，电容器极板带电量减小，选项 B 错误；电容器正在放电，有电流通过电阻 R，选项 D 正确；膜片与极板间的电场强度 $E = \dfrac{U}{d}$，电场强度减小，选项 C 错误。

【题目②分析】 题中的电容器两端的电压 U 保持不变，电路中要有电流，电容器必须发生充电或放电，根据 $Q = CU$ 可判定，电容器的电容 C 必须有变化，由 $C = \dfrac{\varepsilon S}{4\pi kd}$ 可知，电介质插入电容器的深度必须变化，所以轻质弹簧的长度总在变化，即电介质所受合力总在变化，从而可知加速度总在变化。因此，当电路中没有电流时，电介质必须相对电容器在某一位置不变，位置可深可浅，传感器处于平衡状态或匀变速直线运动状态，选项 A、B 错误；当电路中有顺时针方向的电流时，电容器正在充电，电容必须变大，弹簧在伸长，电介质合力向右，加速度向右，传感器可能向左做变减速运动也可能向右做变加速运动，选项 C、D 正确。

【教学建议】 顾名思义，电容器就是"装电荷的容器"，是一种容纳电荷的器件，能"隔直通交"，在电路中有耦合、旁路、滤波、调谐等功能，广泛应用于各个行业中。建议备考复习时将"电容器在生活中的应用"以小专题形式进行拓展，特别是电容式话筒、电容式位移传感器要重点复习。

71. 如图 2−23 甲所示为电容器的充电电路，将可变电阻 R 的阻值调为 R_1，闭合电键 S，电容器所带电量 q 随时间 t 变化的关系图像如图 2−23 乙①线所示。断开电键 S，放完电容器所带的电荷，把 R 的阻值调为 R_2 后重复上述操作，得到图乙②线，下列说法正确的是（　　）

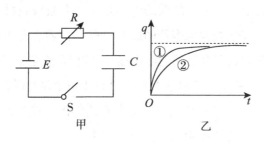

图 2−23

A. 电容器充电过程，电容器两端的电压不断增大

B. 电容器充电过程，充电电流不断增大

C. $R_1 < R_2$，R 减小可实现对电容器更快速充电

D. $R_1 > R_2$，R 增大可实现更均匀充电

【设计意图】主要考查学生的理解能力和推理能力，考查内容涉及电容器的电压、电荷量和电容的关系以及电路基本知识等。该题是对 2019 年高考北京卷第 23 题的改编，在电容器充电电路中串入一可变电阻 R，通过改变 R 的阻值创设生活情景，重点考查学生对充电过程中电容器的电压、电荷量变化的深刻理解以及对充电电流的认识，同时考查学生利用图像获取信息的能力，期望在"解决问题"过程中，提升学生学习物理的兴趣，引导学生关注日常生活中的物理问题，并学会学以致用，培育他们物理观念和科学思维的形成和发展。

【题目分析】电容器电容 C 不变，根据 $U = \dfrac{Q}{C}$，电容器充电过程中，Q 不断增大，电容器两端的电压不断增大，选项 A 正确；根据 $I = \dfrac{q}{t}$，$q-t$ 图线的斜率表示充电电流，由图像可知图线斜率不断减小，充电电流不断减小，选项 B 错误；开始充电的一段时间内，同一时刻图线①对应的电流比图线②大，即 $i_1 > i_2$，且 $q_1 > q_2$，即 $U_1 > U_2$，根据 $R = \dfrac{E - U}{i} - r$，可知 $R_1 < R_2$（也可以找图线斜率相同的点判断），观察图线①②可推知，R 的阻值越小，充电时间越短，可实现快速充电，R 的阻值越大，图线的斜率更趋于恒定，可实现均匀充电，选项 C 正确，选项 D 错误。

【教学建议】图像类的题目，首先要看图像横、纵轴各表示什么物理量，其次弄清图线的截距、斜率等参数的物理意义。人教版教材相应章节的"做一做"中有"用传感器观察电容器的放电过程"内容，有条件的学校还可以做一做"用传感器观察电容器的充电过程"，这样学生会学得更加扎实高效。

72. 如图 2-24 所示，变阻器的触头 P 位于正中位置时，闭合电键 K，带电微粒从 M 点水平射入平行板间，恰能沿直线射出。将触头 P 向上移动，之后使相同微粒仍从 M 点水平射入，则（　　）

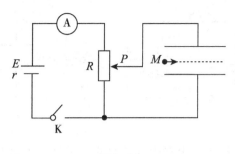

图 2 – 24

A. 微粒将偏离直线向上偏转

B. 电流表示数减小

C. 微粒的电势能将减小

D. 微粒的动能将减小

【设计意图】主要考查学生的理解能力和推理能力，考查内容涉及电容器的电压、电荷量和电容的关系、串并联电路的特点、闭合电路的欧姆定律、带电粒子在匀强电场中的运动、电势能等。题目属含容（平行板电容器）电路模型，电容器与变阻器通过分压方式连接，通过触头 P 的移动来创设问题情景，考查学生应用规律解决问题的能力以及对含容电路的理解能力，促进学生物理观念的形成和科学思维的发展。

【题目分析】变阻器的触头 P 位于正中位置时，闭合电键 K，微粒恰能沿直线射出，根据平衡条件 $q\dfrac{U}{d} = mg$，将触头 P 向上移动，电路中电流不变，选项 B 错误；电容器两端电压变大，则 $q\dfrac{U}{d} > mg$，微粒将偏离直线向上偏转做类平抛运动，选项 A 正确；电场力做正功，微粒的电势能减少，合力做正功，微粒的动能增大，故选项 C 正确，D 错误。

【教学建议】电路类题目，引导学生搞清电路是解决问题的关键。对于含容电路，因为电容器的内阻无穷大，可以看成开路处理，因此，教学中可以这样引导学生：先将原题中的电路"分割"成图 2 – 25 所示的两部分，然后让学生自主判断出 $U_{ab} = U_{cd}$，最后再向上移动触头 P 让学生自主判断得出电路中的电流 I 和 U_{ab} 的变化情况。

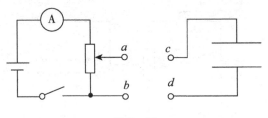

图 2 – 25

73. 如图 2 – 26 所示，电路中 D 为理想二极管（正向电阻为 0，反向电阻为 ∞），电容器 C 不带电，a 为电容器中的固定点，电源负极接地。闭合开关 S 并保持接通状态，下列说法正确的是（　　）

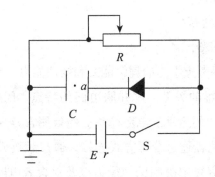

图 2 – 26

A. 当滑动变阻器的滑片向左滑动时，a 点的电场强度增大

B. 当滑动变阻器的滑片向右滑动时，a 点的电势降低

C. 当电容器的右极板向右移动时，a 点的电场强度不变

D. 当电容器的左极板向左移动时，a 点的电势降低

【设计意图】主要考查学生的理解能力、推理能力以及分析综合能力，考查内容涉及电容器的电压、电荷量和电容的关系、串并联电路的特点、闭合电路的欧姆定律、电场强度、电势等。题目属"平行板电容器＋二极管"电路模型，通过滑动变阻器滑片或电容器极板的移动来创设问题情景，考查学生应用物理规律解决问题的能力，同时考查学生对含容二极管电路的理解能力，促进学生物理观念的形成和科学思维的发展。

【题目分析】闭合开关 S 并保持接通状态，二极管 D 正向导通，电容器 C 充电，C 充满电后两端的电压 $U = U_R = \dfrac{RE}{R+r} = \dfrac{E}{1+\dfrac{r}{R}}$，当滑动变阻器的滑片向左滑动时，$R$ 增大，U 增大，由 $E = \dfrac{U}{d}$ 可知，a 点的电场强度增大，选项 A 正确；当滑动变阻器的滑片向右滑动时，R 减小，U_R 减小，而电容器的电容 C 不变，根据 $Q = CU$，电容器的带电量将减小，即要放电，由于二极管反向电阻为 ∞，电容器无法放电，则电容器的带电量 Q 保持不变，两端电压 U 保持不变，a 点的电势不变，选项 B 错误；当电容器的右极板向右移动时，根据 $C = \dfrac{\varepsilon S}{4\pi kd}$ 可知，电容器的电容 C 变小，而电容器两端电压不变，根据 $Q = CU$ 可知，电容器的带电量将减小，同理，电容器无法放电，只能保持 Q 不变，电场强度 $E = \dfrac{4\pi kQ}{\varepsilon S}$，故 a 点的电场强度不变，选项 C 正确；当电容器的左极板向左移动时，与上同理，电容器的 Q 只能保持不变，板间场强保持不变，a 点的电势 $\varphi_a = U_{a0} = Ex_{a0}$ 增大，选项 D 错误。

【教学建议】很多教师在教学中会对解决平行板电容器的思路归纳总结为两类，即 "Q 不变" 和 "U 不变"。教师帮助学生归类形成一些二级结论后，不能只要求学生 "死记"，更重要的是要引导学生 "记死"，也就是要引导学生从规律、定律的原理去理解二级结论，特别要注意结论的成立条件，不要一味强调解决问题的 "套路"，否则极易被 "套路"。

该题中的电容器在 "滑动变阻器的滑片向右滑动" 或增大两极板之间的距离时，貌似 "U 不变" 类型，实属 "Q 不变" 类型，在备考复习中，可以让学生先做错后自己去寻找出原因，毕竟是 "跌倒后容易长记性"！

74.①竖直平面内有一匀强电场，一不计重力的带正电粒子在该电场中运动，如图 2-27 所示为粒子的一段运动轨迹，已知粒子经过 O，A 两点时的速率相等。忽略空气阻力，下列有关说法正确的是（　　）

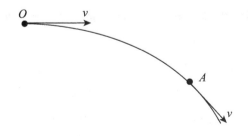

图 2-27

A. 粒子在 O 点时加速度方向竖直向下

B. 电场中 O 点的电势比 A 点的电势高

C. 粒子从 O 点运动到 A 点过程中电势能一直减少

D. 粒子从 O 点运动到 A 点过程中速度先减小后增大

74. ②竖直平面内有一匀强电场，一质量为 m，电量为 q 的粒子在该电场中运动，如图 2-28 所示为粒子的一段运动轨迹，已知粒子经过 O，A 两点时速率均为 v，经过 O 点时的速度方向与 OA 连线的夹角为 α，OA 长为 L。不计粒子重力及空气阻力，则匀强电场的场强大小为（　　　）

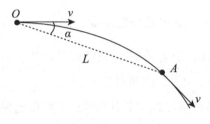

图 2-28

A. $\dfrac{2mv^2\sin\alpha\cos\alpha}{qL}$

B. $\dfrac{mv^2\sin\alpha\cos\alpha}{2qL}$

C. $\dfrac{2mv^2\sin^2\alpha}{qL}$

D. $\dfrac{mv^2\cos^2\alpha}{2qL}$

【设计意图】主要考查学生的理解能力和推理能力，考查内容涉及运动的合成与分解，带电粒子在匀强电场中的运动，电场线、电势能、电势、电场力做功等。选取带电粒子在匀强电场中做类斜抛运动轨迹的一部分（该部分轨迹形似类平抛轨迹）作为情景模型，与类平抛模型"形同质异"，着重考查静电场的核心概念和规律，同时考查学生能否灵活运用所学知识识别"圈套"重构"套路"，引导学生加强对基本物理概念和规律的理解，促进学生物理观念和科学思维的形成和发展。通过这道题还要明白做题和做人道理一样：切忌以"貌"取人！

【题目①分析】如图 2-29 所示，带电粒子在匀强电场中做类斜抛运动，连接 OA 并作其垂线，即可找出电场方向，也就是加速度的方向，选项 A 错误；电场中 O，A 两点在同一等势线上，电势相同，选项 B 错误；粒子从 O 点运动到 A 点过程中，电场力先做负功再做正功，电势能先增大后减小，选项 C 错误；速度先减小后增大，选项 D 正确。

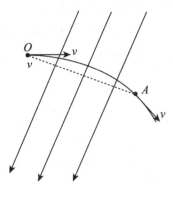

图 2 – 29

【题目②分析】带电粒子在匀强电场中做类斜抛运动，如图 2 – 30 所示，作 OA 的中垂线与运动轨迹的交点设为 B，粒子从 B 到 A 做类平抛运动，根据类平抛运动规律 $\frac{L}{2} = v_B t$，$v_E = at$，根据速度的分解 $v_B = v\cos\alpha, v_E = v\sin\alpha$，根据牛顿运动定律 $qE = ma$，代入整理可得 $E = \frac{2mv^2\sin\alpha\cos\alpha}{qL}$，选项 A 正确。

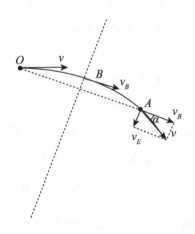

图 2 – 30

【教学建议】类抛体运动是匀变速曲线运动，解决问题的基本思路是速度沿两个方向进行分解：一是沿加速度方向，该方向做匀变速直线运动；二是沿垂直加速度方向，该方向做匀速直线运动。因电场力方向与重力方向的唯一性不同，故解决这类问题要在扎实掌握平抛及斜抛运动规律的基础上进行"脱胎换骨"。

75. 如图 2 – 31 所示，一带电小球从绝缘斜面顶点以某一初速度水平抛出，小球落在斜面上所用时间及动能分别为 t_1，E_{k1}，若仅在竖直方向或垂直纸面方向加上匀强电场，完成同样过程，小球落在斜面上所用时间及动能分别为 t_2，E_{k2} 和 t_3，E_{k3}，不计空气阻力，则下列关系式可能正确的是（　　）

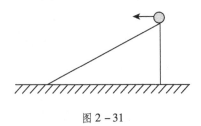

图 2 – 31

A. $t_1 < t_3 < t_2$

B. $t_1 = t_3 > t_2$

C. $E_{k1} = E_{k2} < E_{k3}$

D. $E_{k1} < E_{k2} < E_{k3}$

【设计意图】 主要考查学生的理解能力、推理能力以及分析综合能力，考查内容涉及抛体运动、运动的合成与分解、带电粒子在匀强电场中的运动等。题目借助斜面模型，通过植入不同方向的匀强电场，使水平抛出的小球受力情况发生变化，从而使其运动轨迹变得不同，要求学生加强对物理过程的分析，建立清晰的物理图景，重点考查学生应用运动的合成与分解知识以及运动的独立性原理解决匀变速曲线运动问题的能力，突出考查学生运用基本物理规律解决问题的能力，促进学生运动与相互作用观念的形成以及模型建构、逻辑推理等科学思维的提升。

【题目分析】 设斜面倾角为 θ，带电小球从绝缘斜面顶点以某一初速度 v_0 水平抛出，小球落在斜面上时速度与 v_0 的夹角为 α，根据平抛（类平抛）运动规律有 $\tan\alpha = 2\tan\theta$，由图 2 – 32 可知 $v_y = v_0\tan\alpha = v_0 2\tan\theta$，加速度方向上 $v_y = at$，带电小球平抛（类平抛）运动时间 $t = \dfrac{2v_0\tan\theta}{a}$。当在垂直纸面方向加上匀强电场时，根据运动的独立性原理，竖直平面内依然是平抛运动，故 $t_1 = t_3 = \dfrac{2v_0\tan\theta}{g}$；当在竖直方向加上匀强电场时，如果电场力竖直向下，则加速度 $a > g$，则 $t_1 = t_3 = \dfrac{2v_0\tan\theta}{g} > \dfrac{2v_0\tan\theta}{a} = t_2$，如果电场力竖直向上，则加速度 $a < g$，则 $t_1 = t_3 = \dfrac{2v_0\tan\theta}{g} < \dfrac{2v_0\tan\theta}{a} = t_2$，选项 A 错误，选项 B 正

确。小球平抛和竖直方向加匀强电场后运动到斜面上的动能 $E_k = \frac{1}{2}mv^2 = \frac{1}{2}m$ $(v_0^2 + v_y^2)$，故 $E_{k1} = E_{k2}$；而当在垂直纸面方向加匀强电场时，小球下落过程电场力做正功，故 $E_{k1} < E_{k3}$，即 $E_{k1} = E_{k2} < E_{k3}$，选项 C 正确，选项 D 错误。

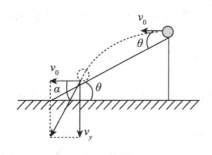

图 2－32

【教学建议】 平抛（类平抛）运动有两个很有用的推论：一是任意时刻 $\tan\alpha = 2\tan\theta$（θ，α 分别为任意时刻位移、速度与初速度的夹角）；二是任意时刻速度方向的反向延长线与初速度方向交于 $\frac{x}{2}$ 处。建议在教学中强调：分解速度时要沿初速度方向和加速度方向分解，而不是沿水平方向和竖直方向分解，这样可以减小类平抛运动学习的困难。

76. 如图 2－33 所示，长为 l 的细线上端固定于 O 点，下端拴一质量为 m，电量为 $-q$ 的小球，处于水平方向的匀强电场中。将小球拉到图示 A 点，细线绷直后静止释放小球，当细线转过 $60°$ 到达水平位置 OB 时，小球速度恰好为零，重力加速度为 g，则（　　）

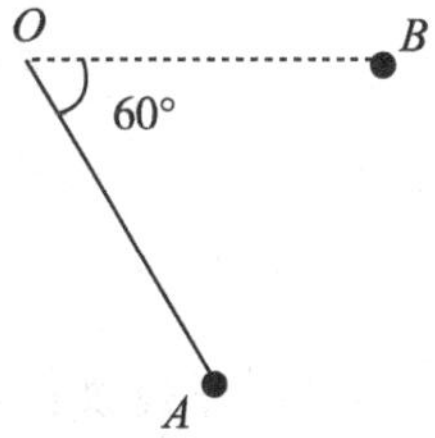

A. 匀强电场的场强大小 $E = \dfrac{\sqrt{3}mg}{q}$

B. A，B 两点间的电势差 $U_{AB} = \dfrac{\sqrt{3}mgl}{2q}$

C. 释放小球时小球的加速度大小为 g

D. 小球向上摆动过程中，沿圆弧切向的加速度和速度均先增大后减小

图 2－33

【设计意图】 主要考查学生的理解能力、推理能力以及分析综合能力，考查内容涉及圆周运动、力的合成与分解、带电粒子在匀强电场中的运动、牛顿第二定律、动能定理等。题目借助圆弧摆模型，通过植入水平方向的匀强

电场，设置带电小球的摆动来创设问题情境，考查学生应用基本定理、定律解决问题的能力，促进学生运动与相互作用观念以及能量观念的形成与发展，培育学生的科学思维。

【题目分析】小球带负电，电场力水平向右，可见电场强度方向水平向左，从 A 到 B，由动能定理有 $qEl(1-\cos60°) - mgl\sin60° = 0$，代入可得 $E = \dfrac{\sqrt{3}mg}{q}$，选项 A 正确；$A$，$B$ 两点间的电势差 $U_{AB} = -U_{BA} = -El(1-\cos60°) = -\dfrac{\sqrt{3}mgl}{2q}$，选项 B 错误；带电小球在 A 点受力如图 2-34 所示，根据牛顿第二定律有 $qEl\sin60° - mgl\cos60° = ma$，代入可得 $a = g$，选项 C 正确；设细线与水平方向的夹角为 θ，小球从 A 到 B 运动过程中，沿圆弧切线方向 $qEl\sin\theta - mgl\cos\theta = ma_x$，$\theta$ 在减小，可见沿圆弧切线的加速度先减小后增大，当 $a_x = 0$ 时，速度达到最大，即速度先增大后减小，选项 D 错误。

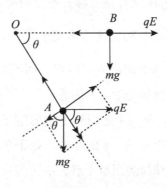

图 2-34

【教学建议】细线拉着带电小球在重力场和匀强电场中做圆弧（或圆周）运动，常常要寻找等效最高点和等效最低点，分析过程可先让小球在竖直面内做圆弧（或圆周）运动，再延伸思维梯度逐渐加码过渡，见图 2-35。

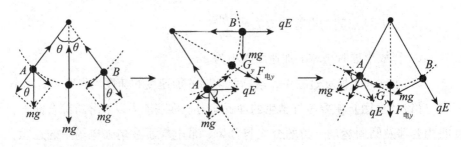

图 2-35

77. 如图2-36所示，一竖直平面内的矩形四个顶点 a，b，c，d 处于水平方向的匀强电场中，已知 $ab=4\text{cm}$，$bc=3\text{cm}$，c 点的电势为 $18v$。一电荷量为 $+e$ 的粒子从 b 点沿 bd 方向（竖直向下）以 $4ev$ 的初动能射入电场，恰好经过 a 点，不计重力和空气阻力（$\sin37°=0.6$），下列说法正确的是（　　）

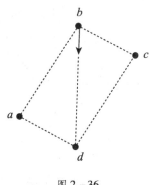

图 2-36

A. a 点的电势为 0

B. ba 两点间电势差为 $4v$

C. 电场强度的大小为 $225v/\text{m}$

D. 粒子到达 a 点时的动能为 $13ev$

【设计意图】 主要考查学生的理解能力、推理能力、分析综合能力以及应用数学知识解决物理问题的能力，考查内容涉及电场线、电势能、电势、电势差、匀强电场中电势差与电场强度的关系、带电粒子在匀强电场中的运动。题目在常见的水平方向匀强电场中植入了类平抛运动情景模型，全面考查学生应用规律、定理解决问题的能力，促进学生运动与相互作用、能量等物理观念的形成和模型建构、科学推理等思维能力的提升。

【题目分析】 如图2-37所示，设粒子从 b 点沿 bd 方向（竖直向下）以初速度 v_0 射入电场，粒子做类平抛运动，到 a 点时速度 v_a 的反方向延长线交 bd 于 O 点，沿加速度方向分解的速度 v_x 的反方向延长线交 bd 于 P 点，根据类平抛运动推论和数学知识可知 $OP=\dfrac{1}{2}bP=1.6\text{cm}$，$aP=2.4\text{cm}$，$\dfrac{v_x}{v_0}=\dfrac{aP}{OP}=$ $\dfrac{3}{2}$，又知 $\dfrac{1}{2}mv_0^2=4ev$，故 b 到 a 根据动能定理 $eU_{ba}=\dfrac{1}{2}mv_a^2-\dfrac{1}{2}mv_0^2=\dfrac{1}{2}mv_x^2=$ $9ev$，代入可得 $U_{ba}=9v$，$\dfrac{1}{2}mv_a^2=13ev$，由匀强电场的特点可知 $U_{cb}=U_{ba}=9v$，

且 $\varphi_c = 18\nu$，可知电场强度 $E = \dfrac{U_{ba}}{aP} = 375\nu/\text{m}$，$\varphi_b = \varphi_d = 9\nu$，$\varphi_a = 0$，故选项 A、D 正确，选项 B、C 错误。

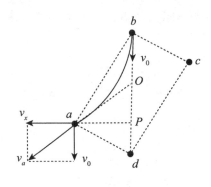

图 2-37

【教学建议】带电粒子在匀强电场中通常做类平抛运动，解决该类运动常常要对运动进行分解，基本分解方法是沿初速度和加速度两个方向分解。教学过程中要引导学生灵活应用类平抛运动的两个推论解决问题：一是任意时刻 $\tan\alpha = 2\tan\theta$（θ，α 分别为任意时刻位移、速度与初速度的夹角）；二是任意时刻速度方向的反向延长线与初速度方向交于 $\dfrac{x}{2}$ 处。

二、恒定电流

78. 实验室有一种灵敏电流计 G，某同学设计了如图 2-38 所示的电路来测量该表的内电阻 R_g，实验电路原理图如图 2-38 所示。

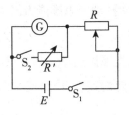

图 2-38

（1）请完成图 2-39 甲的实物连接；

（2）连接好线路后，先将变阻器滑片调到最_____端（填"左"或"右"），并_____（填"断开"或"闭合"）开关 S_2，然后闭合开关 S_1，调节变阻器滑片，使 G 表满偏；

（3）保持变阻器的滑片不动，_____（填"断开"或"闭合"）开关 S_2，调节电阻箱，记录多组 G 表示数 I 和电阻箱示数 R，作出 $\frac{1}{I} - \frac{1}{R}$ 的图线如图 2-39 乙所示，图线在横、纵轴上的截距分别为 a，b。由图 2-39 乙可求得电流表 G 的内电阻 $R_g =$ _____。

（4）已知电流表 G 的量程为 $300\mu A$，内电阻约 200Ω，本实验有两个不同规格的电源可供选择：（A）$E_1 = 1.5v$ 的干电池（内阻较小）；（B）$E_2 = 6v$ 的叠层电池（内阻较大）。同样有两个不同规格的变阻器可供选择：（C）最大阻值为 $3k\Omega$ 的滑动变阻器；（D）最大阻值为 $30k\Omega$ 的电位器。为了更精确地测出电流表 G 的内电阻，电源应选____，变阻器应选____。（填器材代号）

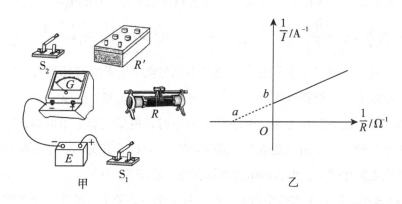

图 2-39

【设计意图】主要考查学生的实验能力，考查内容涉及灵敏电流计 G 内阻的测量，题目借助"恒流半偏法"实验原理电路图，利用其"恒流"特点进行拓展并创设问题情景，考查学生对实验原理、实验操作、数据处理、误差分析的理解能力，引导学生重视实验操作能力和实践能力的训练，同时创设一定的实验情境让学生挑选合适的实验器材，考查学生的发散思维能力，并通过植入试题的探究性，促进学生创新意识的培养和科学探究素养的形成。

【题目分析】（1）实物图的连接如图 2-40 所示。

（2）从安全原则考虑，变阻器要接入最大电阻，故先使其滑片调到最"右"端，依据"恒流半偏法"实验原理，接着"断开"开关 S_2，然后闭合开关 S_1，调节变阻器滑片，使 G 表满偏。

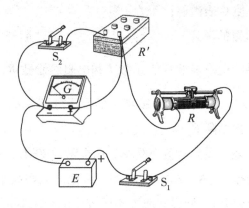

图 2 – 40

（3）保持变阻器的滑片不动，使干路电流保持 I_g 不变，"闭合" 开关 S_2，调节电阻箱，记录多组 G 表示数 I 和电阻箱示数 R，由并联电流特点 $I_g = I + \dfrac{IR_g}{R}$，可得 $\dfrac{1}{I} = \dfrac{1}{I_g} + \dfrac{R_g}{I_g} \cdot \dfrac{1}{R}$，结合图 2 – 39 乙可得 $I_g = \dfrac{1}{b}$，$R_g = -\dfrac{1}{a} = \dfrac{1}{|a|}$。

（4）闭合开关 S_2，电阻箱与 G 表的并联电阻小于 R_g，变阻器的滑片不动则接入电阻不变，干路电流将大于 I_g，为减小系统误差，电源应选择电动势较大的，则当仅闭合开关 S_1，电路电流为 I_g 时，根据欧姆定律可知，变阻器的接入电阻较大（变阻器要选总阻值较大的），再闭合开关 S_2，而电阻箱与 G 表的并联电阻比较小，电路的电流增加甚微，故选 B、D。

【教学建议】 高考实验备考复习中，每个学生必须亲自操作完成考纲所列的实验，教师不能"急功近利"，用"嘴"用"笔"在教室里做实验。对于考纲所列实验，学生一定要到实验室"重做"一遍，必须做到"能明确实验目的，能理解实验原理和方法，能控制实验条件，会使用仪器，会观察、分析实验现象，会记录、处理实验数据得出结论，并对结论进行分析和评价；能发现问题、提出问题，并制订解决方案"，还要做到"能运用已学过的物理理论、实验方法和实验仪器去处理问题，包括简单的设计性实验"，"恒流半偏法测 G 表内阻"和"恒压半偏法测 ν 表内阻"就属于实验方法的迁移拓展。

对于实验的"非常规"图像，一定要利用所考查实验的原理或涉及的定理、规律等，推导出与图线相对应的表达式，再寻找"图线"与"表达式"的相应关系，一般可从图线的纵轴、横轴的"截距"、图线的"斜率"、图线与坐标轴所围的"面积"等方面进行考量。

79. （1）为了测定电压表的内阻，实验室提供了以下器材：

A. 待测电压表（0~3ν，内阻约几千欧）；B. 毫安表（0~1mA）；

C. 滑动变阻器（0~20Ω）；D. 电源（4ν，内阻不计）；E. 开关；F. 导线若干。

某同学设计了图2－41甲、乙所示电路图，则设计合理的是_____（选填"甲"或"乙"）的电路。在正确连接合理电路后，闭合开关S，不断调节变阻器R的滑片位置，记录多组电压表ν和毫安表A的示数，作出$U-I$图线如图2－41丙所示。由图线可得待测电压表的电阻$R_\nu = $_____Ω。

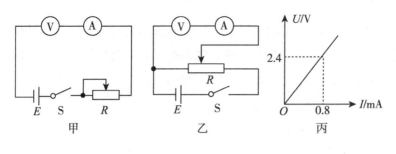

图2－41

（2）接着，该同学利用上面器材"A，D，F"和电阻箱R_0（0~9999.9Ω）改装成一个可测量电阻的简易欧姆表（倍率"×100"），要求两表笔未短接或未接入待测电阻时电压表都没有示数，请在图2－42甲图虚线框内补画出他设计的该欧姆表原理图，并将电压表表盘的电压刻度转换为电阻刻度。先将两表笔_____（选填"断开"或"短接"），调节电阻箱阻值，使指针指在"3ν"处，此处刻度应标阻值为_____（选填"0"或"∞"），再根据设计的欧姆表原理图，推算出电压刻度为"1.5ν"及"2ν"所对应的电阻刻度，并把它填在图2－42乙中的虚线方框内。

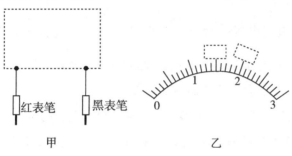

图2－42

【设计意图】 主要考查学生的实验能力，考查内容涉及闭合电路欧姆定律、电压表内阻的测量、电压表改装成欧姆表，通过设置"伏安法测电压表内阻"，考查学生对供电电路"限流式"和"分压式"的理解能力，再创设"电压表改装成简易欧姆表"的迁移拓展实验，考查学生的发散思维能力，促进学生创新意识的培养，发展学生的科学探究素养。

【题目分析】（1）被测电压表内阻约几千欧，滑动变阻器最大阻值20Ω，为方便调节，测量电路中的供电电路要采用"分压式"接法，即选图2-41乙电路。由图2-41丙得 $R_v = \dfrac{\Delta U}{\Delta I} = 3000\Omega$。（2）利用器材"A，D，F"和电阻箱 R_0，且要满足"两表笔未短接或未接入待测电阻时电压表都没有示数"，考虑把电压表、电源、电阻箱串联，电源的正极要连接黑表笔，原理图如图2-43甲所示，首先进行"欧姆调零"操作：

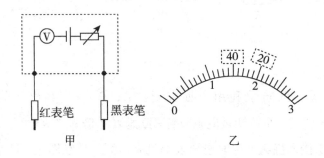

图2-43

将两表笔"短接"，调节电阻箱阻值，使指针指在"3v"处，此处刻度应标阻值为"0"，然后标上相应电阻刻度："欧姆调零"后电路电流 $I_v = \dfrac{U_{vm}}{R_v}$ =1mA，此时欧姆表的"中值电阻" $R_{中} = R_v + R_0 = \dfrac{E}{I_v} = 4000\Omega$，又有 $\dfrac{U_v}{R_v} = \dfrac{E}{R_{中} + R_x}$，故电阻与电压的对应关系为 $R_x = \dfrac{R_v E}{U_v} - R_{中}$，把 U_v 等于"1.5v"，"2v"分别代入上式可得 $R_x = 4000\Omega$，2000Ω，如图2-43乙所示，其余刻度依此法均可标上去，就可作为简易欧姆表使用。

【教学建议】 高考实验备考复习中，对于电表改装的实验内容构建（实际上就是扩大量程或变换测量物理量），教师要引导学生以 G 表（满偏电流 I_g，表头内阻 r_g）为桥梁去架设，要把量程 I_g 扩大为 nI_g，即改为电流表 A，并联

一个阻值为 $R_x = \dfrac{r_g}{n-1}$ 的电阻即可，电流表 A 的内阻 $R_A = \dfrac{r_g}{n}$；要把量程 $I_g r_g$ 扩大为 $nI_g r_g$，即改为电压表 ν，串联一个阻值为 $R_x = (n-1)r_g$ 的电阻即可，电压表 ν 的内阻 $R_\nu = nr_g$。G 表改成欧姆表，串联电源和变阻器（或电阻箱）即可，欧姆调零后电阻与电流有这样的关系 $R_x = \dfrac{E}{I} - R_{中}$，电阻和电流有一一对应关系，因此"一'头'三'表'"有机结合就构成"多用电表"。

80. 镍铬合金因电阻率较大，常用作滑动变阻器电阻丝。某兴趣小组的同学想通过实验测量镍铬合金电阻率，他们找来了一段长 50.0cm，横截面积 1.0mm^2 的镍铬合金丝，实验室有如下器材可供选择：

电流表 A（量程 0.6A，内阻约为 0.6Ω）；

电压表 ν（量程 3ν，内阻约为 3kΩ）；

待测镍铬合金丝 R_x（阻值约为 0.5Ω）；标准电阻 R_0（阻值 4Ω）；

滑动变阻器 R_1（5Ω，2A）；滑动变阻器 R_2（200Ω，1.5A）；

直流电源 E（$E = 6\nu$，内阻不计）；开关 S 和导线若干。

（1）兴趣小组的同学设计的测量镍铬合金丝的电路图如下所示，你认为合理的是_____。

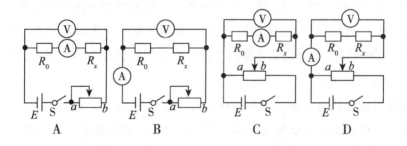

（2）实验中滑动变阻器应该选择_____（选填"R_1"或"R_2"）。

（3）若已知待测镍铬合金丝的长度为 l，横截面积为 S，两电表的读数分别为 U 和 I，则待测电阻丝的电阻率 ρ 的计算式为 $\rho =$ _____。

（4）兴趣小组同学利用以上器材正确连接好电路，进行实验测量，记录数据后，在图 2-44 的 U-I 图上描出实验数据点，请完成图线。再结合已知数据，请估算出镍铬合金丝的电阻率约为_____ $\Omega \cdot$ m。（结果保留两位有效数字）

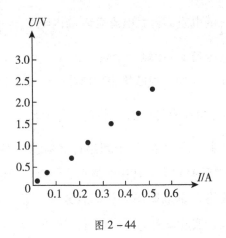

图 2－44

（5）本实验在处理数据时，忽略了电流表或电压表内阻对实验的影响，因此会导致电阻率的测量值_____真实值。（填"大于"或"小于"）

（6）兴趣小组的同学想知道"滑动变阻器 R_2"的电阻丝的长度，经查找资料获知，该型号变阻器电阻丝的横截面积为 0.1mm^2，若不考虑温度的影响，则该电阻丝的长度约_____ m。

【设计意图】主要考查学生的实验能力，考查内容涉及欧姆定律、电阻定律、测金属丝电阻率实验，通过实验器材的"精心"布设，考查学生对测量电路的"内接法"和"外接法"的甄别能力，同时考查学生对供电电路"限流式"和"分压式"的理解能力，题目还设置了估算"滑动变阻器 R_2"的电阻丝长度的问题，使学生学会学以致用，促进学生创新意识的培养，发展学生的科学探究素养。

【题目分析】电流表 A 量程 0.6A，电压表 v 量程 $3v$，被测电阻最适宜在 5Ω 左右，待测镍铬合金丝 R_x（阻值约为 0.5Ω）和标准电阻 R_0（阻值 4Ω）的串联电阻属"小"电阻，测量电路 A 表要采用"外接法"，由于滑动变阻器 R_2 阻值过大，采用"限流式"和"分压式"接入都不方便调节，故选滑动变阻器 R_1（5Ω），采用"限流式"接入，则电路最小电流约 $I = \dfrac{E}{R_x + R_0 + R_1}$ >0.6A，超过量程，故必须采用"分压式"接入，综合上述，（1）选 D；（2）选 R_1。根据电阻定律 $R = \rho\dfrac{l}{S}$，由欧姆定律有 $R = \dfrac{U}{I} - R_0$，可得 $\rho = \dfrac{S}{l}$ $\left(\dfrac{U}{I} - R_0\right)$；连接图线算出斜率，再结合前面式子，可估算出镍铬合金丝的电

阻率约为 $(1.0 \sim 1.3) \times 10^{-6} \Omega \cdot m$。因实验采用"外接法"，电压表要分流，造成电阻的测量值偏小，因此电阻率的测量值"小于"真实值。由电阻定律可得 $l = \dfrac{RS}{\rho}$，故 $\dfrac{l_2}{l_x} = \dfrac{R_2}{R_x} \cdot \dfrac{S_2}{S_x} = \dfrac{200}{0.5} \cdot \dfrac{0.1}{1} = 40$，故 $l_2 = 20m$。

【教学建议】 高考实验备考复习中，"伏安法"测电阻的方法必须进行适当拓展，但也完全没有必要"为赋新词强说愁"，派生出所谓的"伏阻法""安阻法""伏伏法""安安法"等方法，它们本质上都是"伏安法"，具体原理见图 2-45。

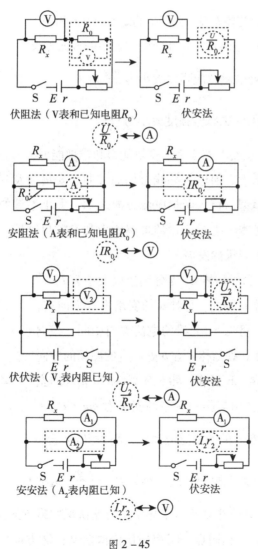

图 2-45

三、磁场

81. 如图 2 - 46 所示，细导体棒 a, b 长均为 L，其中棒 a 质量为 m，水平放置在倾角 45°的光滑绝缘斜面上，b 被水平固定在斜面的右侧，且与 a 在同一水平面上相互平行。当 a, b 分别通以大小为 I, $2I$ 的电流时，a 静止在斜面上，重力加速度为 g，下列说法正确的是（　　）

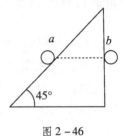

图 2 - 46

A. 棒 a 在 b 处与棒 b 在 a 处产生的磁场的方向相同

B. 棒 b 在 a 处与棒 a 在 b 处产生的磁场的方向相反

C. 棒 a 在 b 处的磁感应强度大小为 $\dfrac{mg}{2IL}$

D. 棒 b 在 a 处的磁感应强度大小为 $\dfrac{mg}{IL}$

【设计意图】主要考查学生的理解能力和推理能力，考查内容涉及共点力的平衡、磁感应强度、通电直导线磁场的方向、安培力及其方向等。题目利用光滑绝缘斜面模型，植入两根电流方向未知、大小不等的通电细导体棒来创设问题情景，考查学生对规律的理解能力和发散思维能力，促进学生物理观念的形成和科学思维的发展。

【题目分析】当导体棒 a, b 分别通以大小为 I, $2I$ 的电流时，导体棒 a 静止，b 对 a 的安培力水平向右，如图 2 - 47 所示，可见 a, b 棒的电流方向相同，根据安培定则，棒 b 在 a 处与棒 a 在 b 处产生的磁场的方向相反，选项 A 错误，B 正确；棒 b 对 a 和棒 a 对 b 的安培力大小均为 mg，由匀强磁场中的安培力 $mg = B_{ab} \cdot$

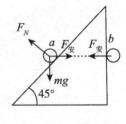

图 2 - 47

$2I \cdot L$，可得棒 a 在 b 处的磁感应强度大小为 $B_{ab} = \dfrac{mg}{2IL}$，

同理，棒 b 在 a 处的磁感应强度大小为 $B_{ba} = \dfrac{mg}{IL}$，选项 C、D 正确。

【教学建议】教学中要重点引导学生对比认识磁感应强度 B 与电场强度 E 的相同点和不同点。相同点：①都用比值法定义；②方向均可用场线的切线方向表示；③场线的疏密均表示场的强弱；④都是矢量，合成时遵循平行四边形定则。不同点：①定义式 $B = \dfrac{F}{IL}$ 中的电流元 IL 要与 B 垂直，而定义式 $E = \dfrac{F}{q}$ 中的试探电荷 q 在电场怎样放都可以；②B 的方向可用自由转动小磁针静止时 N 极所指的方向来表示，E 的方向可用正电荷在电场中所受电场力的方向来表示。

82. 如图 2-48 所示，等边三角形线框 abc 由三根相同的导体棒连接而成，d 为 bc 边的中点，线框固定于纸面内，垂直纸面方向有匀强磁场，当不计内阻的同一直流电源分别接入 a，b 和 a，d 时，线框所受安培力大小为 F_1，F_2，则 F_1：F_2 为（ ）

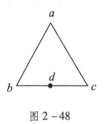

图 2-48

A. $\dfrac{2\sqrt{3}}{3}$　　　　　　B. $\dfrac{3\sqrt{3}}{4}$

C. $\dfrac{4\sqrt{3}}{5}$　　　　　　D. $\dfrac{5\sqrt{3}}{6}$

【设计意图】主要考查学生的理解能力和推理能力，考查内容涉及电阻的串并联规律、欧姆定律、匀强磁场中的安培力等。题目是 2019 年高考全国 I 卷第 17 题的拓展改编，以"三角形线框"为背景素材，通过电源接入点的变化来创设问题情景，考查学生对电路的理解能力以及对规律的应用能力，促进学生物理观念的形成和科学思维的发展。

【题目分析】设等边三角形线框每边长为 l，电阻为 r，电源电动势为 E，匀强磁场磁感应强度为 B，当直流电源从 a，b 接入时，电路的总电阻为 $R_1 = \dfrac{r \times 2r}{3r} = \dfrac{2}{3}r$，干路电流 $I_1 = \dfrac{E}{R_1}$，a，b 的等效长度 $l_1 = l$，安培力 $F_1 = BI_1 l_1$，代入可得 $F_1 = \dfrac{3BEl}{2r}$；当直流电源从 a，d 接入时，电路的总电阻为 $R_2 = \dfrac{1.5r \times 1.5r}{3r} = \dfrac{3}{4}r$，干路电流 $I_2 = \dfrac{E}{R_2}$，a，d 的等效长度 $l_2 = \dfrac{\sqrt{3}}{2}l$，安培力 $F_2 = BI_2 l_2$，代入可得 $F_2 = \dfrac{2\sqrt{3}BEl}{3r}$，则 $\dfrac{F_1}{F_2} = \dfrac{3\sqrt{3}}{4}$，选项 A、C、D 错误，B 正确。

【教学建议】教学安培力 $F = BIl$ 时要强调以下几点：①式子中 B 与 I 必

须垂直，因为 F，B，I 是在空间三个维度上，故必须从"立体"角度判定 B 与 I 垂直与否，而 F 一定垂直于 B，也垂直于 I；②式子中的 l 是指导体在垂直 B 方向上的"有效长度"（直线距离）；③式子只能计算安培力 F 的大小，其方向由左手定则判断，安培力的合成遵循力的平行四边形定则。

83. 图 2-49 为显像管原理示意图（俯视图），电子束经电子枪加速后，进入偏转磁场偏转。不加磁场时，电子束打在荧光屏正中的 O 点。若要使电子束打在荧光屏上的水平位置由 a 逐渐向 b 移动，则在偏转过程中（　　）

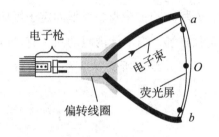

图 2-49

A. 洛伦兹力对电子束做正功

B. 电子束做匀加速曲线运动

C. 偏转磁场的磁感应强度先变大后变小

D. 偏转磁场的方向先竖直向上后竖直向下

【设计意图】主要考查学生的理解能力和推理能力，考查内容涉及洛伦兹力、洛伦兹力的方向、洛伦兹力公式等。题目以显像管原理示意图为背景素材，通过设置电子束打在荧光屏上"点"的移动和显像管原理"俯视图"来创设问题情景，考查学生对基本规律的理解能力，同时考查学生的空间思维能力，引导学生关注物理知识在日常生活中的应用，激发学生的学习兴趣，促进学生物理观念的形成和科学思维的发展。

【题目分析】洛伦兹力方向总与速度方向垂直，永不做功，选项 A 错误；电子在偏转磁场做匀速圆周运动，所受洛伦兹力大小不变，方向时刻改变，是变加速曲线运动，选项 B 错误；根据洛伦兹力公式 $qvB = m\dfrac{v^2}{r}$，有 $B = \dfrac{mv}{qr}$，从偏转角度看，偏转半径要先增大后减小，故磁感应强度要先变小后变大，选项 C 错误；电子带负电，结合运动方向和左手定则可以判断，电子束在荧光屏从 a 移动到 O 过程，磁场方向"垂直纸面向外"，由"俯视图"可知磁场方向竖直向上；同理，电子束在荧光屏从 O 移动到 b 过程，磁场方向竖直向下，综上可知选项 D 正确。

【教学建议】 教学洛伦兹力 $f = qvB$ 时要强调以下几点：①式子中 q 不用带符号，v 与 B 必须垂直；②因为 f，v，B 是在空间三个维度上，故必须从"立体"角度判定 v 与 B 垂直与否，而 f 一定垂直于 v，也垂直于 B；③式子中的 v 是在垂直磁场方向上带电体相对磁场的速度；④式子只能计算洛伦兹力 f 的大小，其方向由左手定则判断，特别要区分粒子的电性，洛伦兹力的合成遵循力的平行四边形定则。

84. 如图 2-50 所示，正方形区域 $abcd$ 中有垂直纸面向里的匀强磁场，质子束从 ab 边的中点 O 沿与 Ob 成30°角方向，以大小不同的速率从纸面内射入磁场。设质子从 bc，cd，da，Oa 边离开磁场的最长时间分别为 t_1，t_2，t_3，t_4，不考虑质子间的相互作用，下列判断正确的是（　　）

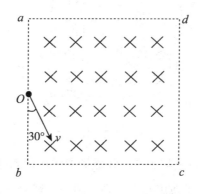

图 2-50

A. $t_1 : t_3 = 1 : 6$

B. $t_1 : t_4 = 1 : 5$

C. $t_2 : t_3 = 1 : 3$

D. $t_2 : t_4 = 1 : 2$

【设计意图】 主要考查学生的理解能力、推理能力以及分析综合能力，考查内容涉及洛伦兹力、洛伦兹力的方向、带电粒子在匀强磁场中的运动等。带电粒子在匀强磁场中做匀速圆周运动，题目通过设置正方形边界磁场，构建粒子垂直进入磁场的速率变化使其运动轨迹为"成长圆"，从而创设问题情景，考查学生应用基本规律解决问题的能力，促进学生物理观念的形成和科学思维的发展。

【题目分析】质子束从 ab 边的中点 O，沿与 Ob 成30°角方向从纸面内射入磁场，从 bc 边离开磁场的质子运动时间最长的如图2-51轨迹①所示，轨迹圆弧对应的圆心角 $\theta_1 = 60°$，从 cd 边离开磁场的质子运动时间最长的如图2-51轨迹②所示，轨迹圆弧对应的圆心角 $\theta_2 = 150°$，从 da 边离开磁场的质子运动时间最长的如图2-51轨迹③所示，轨迹圆弧对应的圆心角 $\theta_3 = 240°$，从 Oa 边离开磁场的质子运动时间相同，轨迹圆弧对应的圆心角均为 $\theta_4 = 300°$。而质子在磁场中的运动周期相同，运动时间与其在磁场运动轨迹圆弧对应的圆心角成正比，因此 $t_1 : t_3 = 1 : 4$，$t_1 : t_4 = 1 : 5$，$t_2 : t_3 = 5 : 8$，$t_2 : t_4 = 1 : 2$，故选项A、C错误，B、D正确。

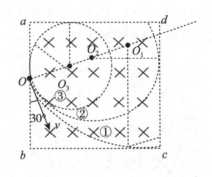

图2-51

【教学建议】解决带电粒子在匀强磁场中的运动问题，关键是画出其运动轨迹，而画轨迹的核心是找出圆心，确定圆心一般有三种方法：①已知入射、出射速度的方向，可分别作垂直于入射、出射速度方向的垂线，两垂线的交点就是圆弧轨道的圆心。②已知入射（或出射）速度方向、入射点和出射点的位置，可作入射（或出射）速度方向的垂线，再作入射点和出射点连线的中垂线，两垂线的交点就是圆弧轨道的圆心。③已知入射（或出射）速度方向和轨道半径大小，可作入射（或出射）速度方向的垂线，沿垂线到速度方向的距离为轨道半径的点就是圆弧轨道的圆心。另外，寻找"成长圆"（收缩圆）中临界点的基本方法：作已知速度方向的垂线，洛伦兹力方向即在该垂线上，而圆心在洛伦兹力方向上，定不同圆心取相应半径画圆，从圆的"成长"动态变化中寻找与边界相切的临界点。

85.①如图2-52所示，边长为 l 的正方形区域 $abcd$ 中有垂直纸面向里的匀强磁场，ab 边的中点 O 有一离子源，在纸面内持续沿各个方向均匀射出速率相同的正离子，已知离子在磁场中做圆周运动的半径为 l，则 bc 边上有离子通过的长度为（   ）

图 2 - 52

A. l

B. $2(\sqrt{2} - 1)l$

C. $(\sqrt{3} - 1)l$

D. $(\sqrt{2} - 1)l$

85. ②如图 2 - 52 所示，正方形区域 $abcd$ 中有垂直纸面向里的匀强磁场，ab 边的中点 O 有一离子源，在纸面内持续沿各个方向均匀射出速率相同的正离子，已知离子在磁场中做圆周运动的半径等于正方形的边长，则从 bc 边离开磁场的离子与离子总数之比为（   ）

A. $1:6$ B. $2:7$

C. $\sqrt{3}:8$ D. $\sqrt{3}:(5 + \sqrt{3})$

【设计意图】主要考查学生的理解能力、推理能力以及分析综合能力，考查内容涉及洛伦兹力、洛伦兹力公式、带电粒子在匀强磁场中的运动等。粒子在磁场中做匀速圆周运动，题目通过设置正方形边界磁场，粒子垂直进入磁场的速率不变，方向改变，使其运动轨迹为"旋转圆"，从而创设问题情景，考查学生应用基本规律解决问题的能力，促进学生物理观念的形成和科学思维的发展。

【题目①分析】当离子速度沿 Ob 方向射入磁场时，运动轨迹如图 2 - 53 轨迹①所示，轨迹与 bc 边的交点为 M，又知 $O_1M = l$，$O_1c = \dfrac{l}{2}$，根据数学知识可知 $Mc = \dfrac{\sqrt{3}}{2}l$；当离子速度沿与 Ob 成一定角度射入磁场时，运动轨迹恰好与 bc 边相切，轨迹如图 2 - 53 轨迹②所示，轨迹与 bc 边的相切点为 N，同理知 $bN = OP = \dfrac{\sqrt{3}}{2}l$，又有 $bM = l - Mc$，则 bc 边上有离子通过的长度为 $MN = bN - bM = (\sqrt{3} - 1)l$。故选项 A、B、D 错误，C 正确。

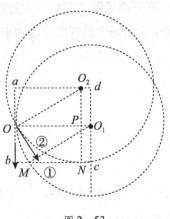

图 2－53

【题目②分析】 当离子速度沿 Ob 方向射入磁场时，运动轨迹如图 2－54 轨迹①所示；设离子速度沿与 Ob 成 θ 角射入磁场时，运动轨迹恰好与 bc 边相切，轨迹如图 2－54 轨迹②所示，轨迹与 bc 边的相切点为 N，可知 $O_2P = \dfrac{l}{2}$，$\angle O_2OP = 30°$，根据数学知识可知 $\theta = 30°$，由于离子源在纸面内持续沿各个方向均匀射出速率相同的正离子，故从 bc 边离开磁场的离子与离子总数之比为 $\dfrac{\theta}{180°} = \dfrac{1}{6}$。故选项 A 正确，B、C、D 错误。

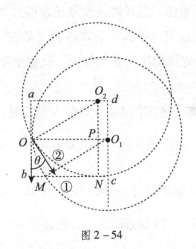

图 2－54

【教学建议】 解决带电粒子在匀强磁场中运动问题的基本思路：①确定圆心画轨迹；②利用"三角形"建立几何关系，求轨迹半径 r；③通过 $qvB = m\dfrac{v^2}{r}$ 寻找未知量与 r；④解方程求未知量。另外，寻找"旋转圆"中临界点的基本方法：过入射点结合已知半径作轨迹圆，轨迹圆绕入射点"旋转"，从旋转变化中寻找与边界相切的临界点。

86. 如图 2-55 所示，纸面内有一垂直于纸面向外的圆形匀强磁场区域，比荷 $\left(\dfrac{q}{m}\right)$ 为 k_1，k_2 的带电粒子分别从 P 点以速率 v_1，v_2 垂直进入磁场，经过时间 t_1，t_2 从 M 点射出磁场，已知 v_1 沿半径方向，v_2 与 v_1 的夹角为 $30°$，$\angle POM = 120°$。不计粒子重力，下列判断正确的是（　　）

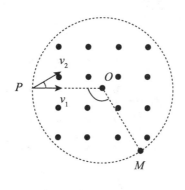

图 2-55

A. 若 $v_1 = v_2$，则 $k_1 : k_2 = \sqrt{3} : 1$

B. 若 $v_1 = v_2$，则 $t_1 : t_2 = \sqrt{3} : 2$

C. 若 $t_1 = t_2$，则 $k_1 : k_2 = 2 : 1$

D. 若 $t_1 = t_2$，则 $v_1 : v_2 = \sqrt{3} : 1$

【设计意图】考查学生的理解能力、推理能力以及分析综合能力，考查内容涉及带电粒子在匀强磁场中的运动、洛伦兹力等。题目设置的两带电粒子比荷、运动时间、速度大小均不确定，通过入射方向、入射点及出射点相同来创设问题情景，考查学生利用带电粒子在匀强磁场中做匀速圆周运动的规律解决问题的能力以及利用数学知识解决物理问题的能力，培养学生的发散思维能力，促进学生物理观念和科学思维能力的形成。

【题目分析】带电粒子在匀强磁场中做匀速圆周运动，洛伦兹力提供向心力，有 $qvB = m\dfrac{v^2}{r}$，又有 $T = \dfrac{2\pi r}{v}$，可得粒子比荷 $\dfrac{q}{m} = \dfrac{v}{Br} = k$①，运动周期 $T = \dfrac{2\pi m}{qB}$，可得粒子在磁场中运动时间 $t = \dfrac{\theta}{2\pi}T = \dfrac{\theta m}{qB}$②，其中 θ（弧度）为偏转角。

设区域圆的半径为 R，当带电粒子从 P 点分别以速率 v_1，v_2 垂直进入磁场，轨迹如图 2-56 所示，结合已知数据，由数学知识可知，轨道半径分别 $r_1 = \sqrt{3}R$，$r_2 = R$，偏转角 $\theta_1 : \theta_2 = 1 : 2$。当 $v_1 = v_2$，结合①②式有 $k_1 : k_2 = r_2 : r_1 = 1 : \sqrt{3}$，$t_1 : t_2 = \dfrac{\theta_1 k_2}{\theta_2 k_1} = \sqrt{3} : 2$，选项 A 错误，B 正确；当 $t_1 = t_2$ 时，由②式有 $\dfrac{q}{m} = \dfrac{\theta}{Bt} = k$，则 $k_1 : k_2 = \theta_1 : \theta_2 = 1 : 2$，选项 C 错误；再由①式有 $v = Brk$，可得速率之比 $v_1 : v_2 = \dfrac{r_1 k_1}{r_2 k_2} = \sqrt{3} : 2$，选项 D 错误。

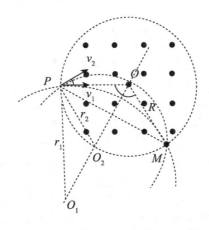

图 2-56

【教学建议】解决带电粒子在圆形边界磁场内偏转问题的关键是画好运动轨迹图，核心是利用平面几何知识求解轨迹半径。带电粒子在匀强磁场中做匀速圆周运动的时间 $t = \dfrac{\theta}{2\pi}T = \dfrac{\theta m}{qB}$，决定于粒子的比荷、磁感应强度和偏转角，对于确定的粒子在同一匀强磁场中运动，运动时间仅由粒子运动的偏转角决定。

87. 如图 2-57 所示，虚线 MN 的上方有垂直纸面的匀强磁场，两电性相同、质量相等的粒子 1、2 先后从磁场边界的 O 点沿纸面射入磁场，射入时粒子 1、2 的速度 v_1，v_2 与磁场边界的夹角分别为 $30°$，$60°$。已知两粒子在磁场中的运动时间相同，不计粒子重力，则粒子 1、2（ ）

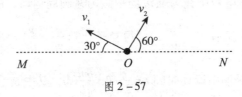

图 2-57

A. 带电量之比可能为 $4:1$　　　　B. 带电量之比可能为 $5:2$

C. 运动半径之比可能为 $4\nu_1:\nu_2$　　D. 运动半径之比可能为 $5\nu_1:2\nu_2$

【设计意图】 主要考查学生的理解能力、推理能力以及分析综合能力，考查内容涉及带电粒子在匀强磁场中的运动、洛伦兹力等。该题是对 2019 年高考海南卷第 9 题的拓展改编，题目设置两带电粒子（电性相同、质量相等）以不同方向射入有界匀强磁场区域，让学生通过粒子射入速度与磁场边界的夹角画出粒子的运动轨迹，找出偏转角 θ（弧度），同时设置运动时间相同，考查学生运用带电粒子在匀强电场中做匀速圆周运动的规律解决问题的能力。题中磁场方向、电荷电性不确定，考查学生思维的缜密性，同时促进学生发散思维能力的发展，落实学科核心素养的培育。

【题目分析】 粒子在磁场中运动的可能轨迹如图 2 - 58 所示，洛伦兹力提供向心力，由 $q\nu B = m\dfrac{\nu^2}{r}$，$T = \dfrac{2\pi r}{\nu}$ 得，轨道半径 $r = \dfrac{m\nu}{qB}$，运动周期 $T = \dfrac{2\pi m}{qB}$，又知运动时间 $t = \dfrac{\theta m}{qB}$，其中 θ（弧度）为偏转角。若粒子 1、2 从 OM 边离开磁场，则由图 2 - 58 可知偏转角 θ 之比 $\theta_1:\theta_2 = 60°:240° = 1:4$，依题意有 $\dfrac{\theta_1 m}{q_1 B}$ $= \dfrac{\theta_2 m}{q_2 B}$，即 $\dfrac{q_1}{q_2} = \dfrac{\theta_1}{\theta_2} = \dfrac{1}{4}$，$\dfrac{r_1}{r_2} = \dfrac{q_2 \nu_1}{q_1 \nu_2} = \dfrac{4\nu_1}{\nu_2}$；若粒子 1、2 从 ON 边离开磁场，则由图可知偏转角 θ 之比 $\theta_3:\theta_4 = 300°:120° = 5:2$，同理 $\dfrac{q_1}{q_2} = \dfrac{\theta_3}{\theta_4} = \dfrac{5}{2}$，$\dfrac{r_1}{r_2} = \dfrac{q_2 \nu_1}{q_1 \nu_2}$ $= \dfrac{2\nu_1}{5\nu_2}$。故选项 A、D 错误，选项 B、C 正确。

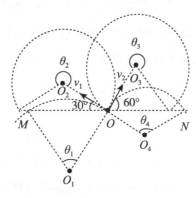

图 2 - 58

【教学建议】解决带电粒子在匀强磁场中做匀速圆周运动的关键是画出运动轨迹，而画轨迹的关键是找到圆心，确定圆心的常用方法有：①两条速度垂线的交点；②速度垂线与弦中垂线的交点；③两条弦中垂线的交点；④到速度方向的垂线段为半径的点。带电粒子在匀强磁场中做匀速圆周运动常常出现多解，原因主要有以下四种：一是带电粒子电性不确定；二是带电粒子运动的重复性；三是磁场方向不确定；四是临界状态不唯一形成。教学中要创设各种问题情景培育学生的发散性思维。

88. 质谱仪是测量带电粒子质量和分析同位素的重要工具，如图 2-59 所示为质谱仪原理示意图。现利用这种质谱议对氢元素进行测量，氢元素的各种同位素 ($_1^1$H,$_1^2$H,$_1^3$H) 从容器 A 下方的小孔 S_1 无初速度飘入加速电场，加速后经过 S_3 垂直进入匀强磁场中，最后打在照相底片 D 上，形成 a, b, c 三条"质谱线"，如图 2-59 所示。运动过程中粒子之间的相互作用忽略不计，下列说法正确的是（　　）

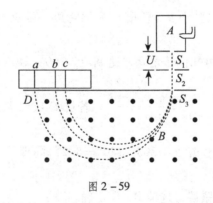

图 2-59

A. 谱线 a, b, c 的粒子在电场中运动时间之比为 $\sqrt{3}:\sqrt{2}:1$

B. 谱线 a, b, c 的粒子经过 S_3 时速度之比为 $1:\sqrt{2}:\sqrt{3}$

C. 谱线 a, b, c 的粒子在磁场中运动时间之比为 $1:2:3$

D. 谱线 a, b 与 b, c 间距离之比为 $(\sqrt{3}-\sqrt{2}):(\sqrt{2}-1)$

【设计意图】主要考查学生的理解能力、推理能力以及分析综合能力，考查内容涉及电场力做功、动能定理、动量定理、洛伦兹力、洛伦兹力公式等。题目以质谱仪为背景素材，植入带电粒子在组合场中的加速、偏转等运动模型来创设问题情景，考查学生对基本定理和规律的理解应用能力，引导学生关注物理知识在科技中的应用，激发学生的学习兴趣，促进学生物理观念的形成和科学思维的发展。

【题目分析】粒子在电场中加速，根据动能定理 $qU = \dfrac{1}{2}mv^2$，粒子在磁场中运动，洛伦兹力提供向心力有 $qvB = m\dfrac{v^2}{r}$，可得轨道半径 $r = \dfrac{1}{B}\sqrt{\dfrac{2mU}{q}}$，结合照相底片 D 上形成的谱线，可知谱线 a，b，c 分别对应粒子 ${}_1^3\text{H}$，${}_1^2\text{H}$，${}_1^1\text{H}$。根据动量定理 $qEt = mv$，粒子在电场中运动时间 $t = \dfrac{1}{E}\sqrt{\dfrac{2mU}{q}}$，可见 ${}_1^3\text{H}$，${}_1^2\text{H}$，${}_1^1\text{H}$ 在电场中运动时间之比为 $\sqrt{3}:\sqrt{2}:1$，选项 A 正确；粒子经过 S_3 时速度 $v = \sqrt{\dfrac{2qU}{m}}$，则 ${}_1^3\text{H}$，${}_1^2\text{H}$，${}_1^1\text{H}$ 经过 S_3 时速度之比 $\sqrt{2}:\sqrt{3}:\sqrt{6}$，选项 B 错误；粒子在磁场中运动时间 $t = \dfrac{\pi m}{qB}$，则 ${}_1^3\text{H}$，${}_1^2\text{H}$，${}_1^1\text{H}$ 在磁场中运动时间之比 $3:2:1$，选项 C 错误；综上可知，谱线 a，b 与 b，c 距离之比为 $[2(r_a - r_b)]:[2(r_b - r_c)] = (\sqrt{3} - \sqrt{2}):(\sqrt{2} - 1)$，选项 D 正确。

【教学建议】复习教学中要简要介绍质谱仪的构造原理。构造：主要由离子源、加速电场、偏转磁场和照相底片等构成；工作原理：带电粒子由静止开始在加速电场中加速，根据动能定理和牛顿第二定律，$qU = \dfrac{1}{2}mv^2$，$qvB = m\dfrac{v^2}{r}$ 可得：轨道半径 $r = \dfrac{1}{B}\sqrt{\dfrac{2mU}{q}}$，或粒子质量 $m = \dfrac{qB^2r^2}{2U}$，或比荷 $\dfrac{q}{m} = \dfrac{2U}{B^2r^2}$。

质谱仪又称质谱计，主要用于分离和检测不同元素的同位素，按应用范围分为同位素质谱仪、无机质谱仪和有机质谱仪，按分辨本领分为高分辨、中分辨和低分辨质谱仪，按工作原理分为静态仪和动态仪。

89. 1932 年，劳伦斯和利文斯设计出了回旋加速器。回旋加速器的工作原理如图 2 - 60 所示，D 形金属盒置于高真空中，两盒间的狭缝很小，带电粒子穿过的时间可以忽略不计。现用该回旋加速器（交流电频率可调）分别加速氘核（${}_1^2\text{H}$）和 α 粒子（${}_2^4\text{He}$），下列说法正确的是（　　　）

A. 加速时交流电的频率之比为 $1:2$

B. 加速时间之比为 $1:1$

C. 获得的速度之比为 $2:1$

D. 获得的动能之比为 $1:1$

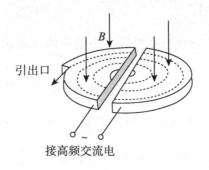

B

引出口

接高频交流电

图 2 - 60

【设计意图】主要考查学生的理解能力和推理能力，考查内容涉及电场力做功、洛伦兹力、洛伦兹力公式等。题目以回旋加速器为背景素材，植入带电粒子在组合场中的运动模型来创设问题情景，考查学生对基本规律的理解应用能力，引导学生关注物理知识在科技中的应用，同时训练学生的空间思维能力，激发其学习兴趣，促进他们的物理观念的形成和科学思维的发展。

【题目分析】要使粒子在回旋加速器持续加速，交流电的周期必须与粒子在磁场中的旋转周期相同，而粒子的旋转周期 $T = \dfrac{2\pi m}{qB}$，频率 $f = \dfrac{qB}{2\pi m}$，氘核（$^2_1$H）和 α 粒子（$^4_2$He）的比荷相同，故交流电的频率相同，选项 A 错误；洛伦兹力提供向心力有 $qvB = m\dfrac{v^2}{r}$，最大速度 $v_m = \dfrac{qBr_m}{m} = \dfrac{qBR}{m}$，其中 R 为 D 形金属盒的半径，故最大速度相同，选项 C 错误；最大动能为 $E_{km} = \dfrac{1}{2}mv_m^2 = \dfrac{(qBR)^2}{2m}$，获得的动能之比为 1:2，选项 D 错误；粒子在磁场中每运动半圈加速一次，因此运动的时间 $t = \dfrac{E_{km}}{qU}\dfrac{T}{2} = \dfrac{\pi BR^2}{2U}$，其中 U 为加速电压，可知加速时间相同，选项 B 正确。

【教学建议】复习教学中要简要介绍回旋加速器的构造和原理：在磁极间的真空室内有两个半圆形的金属扁盒（D 形盒）隔开相对放置，D 形盒上加交变电压，其间隙处产生交变电场。置于中心的粒子源产生带电粒子射出来，通过电场加速，在 D 形盒内不受电场力，仅受磁极间磁场的洛伦兹力，在垂直磁场平面内作匀速圆周运动，绕行半圈的时间为 $t = \dfrac{\pi m}{qB}$，其中 q 是粒子电荷量，m 是粒子的质量，B 是磁场的磁感应强度。如果 D 形盒上所加的交变电压的频率恰好等于粒子在磁场中作圆周运动的频率，则粒子绕行半圈后正赶上 D 形盒上电压方向改变，粒子仍将处于加速状态。由于上述粒子绕行半圈的时间与粒子的速度无关，因此粒子每绕行半圈加速一次，绕行半径 $r = \dfrac{mv}{qB}$ 不断增大。经过多次加速，粒子沿螺旋形轨道从 D 形盒边缘引出，能量可达几十兆电子伏特（Mev）。

回旋加速器对粒子做功提供的能量受制于相对论效应，随着粒子速度的增大，粒子的质量会显著增大，根据 $T = \dfrac{2\pi m}{qB}$，粒子绕行周期将变长，从而逐渐偏离了交变电场的加速状态。

90. 如图 2 - 61 为磁流体发电机的原理图，等离子体束（含有正、负离子）以某一速度垂直喷射入由一对磁极 C，D 产生的匀强磁场中，A，B 是一对平行于磁场放置的金属板。稳定后电流表中的电流从"＋"极流向"－"极，由此可知（   ）

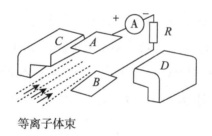

等离子体束

图 2 - 61

A. D 磁极为 N 极

B. 正离子向 B 板偏转

C. 离子在磁场偏转过程中速度越来越小

D. 在偏转过程中洛伦兹力对正离子做正功对负离子做负功

【设计意图】主要考查学生的理解能力和推理能力，考查内容涉及洛伦兹力、洛伦兹力的方向、洛伦兹力公式、匀强电场中电势差与电场强度的关系等。题目以磁流体发电机为背景素材，植入带电粒子在复合场中的运动模型来创设问题情景，考查学生对基本规律的理解应用能力，引导学生关注物理知识在生产生活中的应用，促进学生物理观念的形成和科学思维的发展。

【题目分析】由图中电流表的电流从"＋"极流向"－"极可以判定，金属板 A，B 分别是电源的正、负极，也就是正、负离子受到的洛伦兹力的方向分别是竖直向上和竖直向下，故选项 B 错误，再根据左手定则可以判断，磁场方向由 D 指向 C，D 磁极为 N 极，选项 A 正确；离子在偏转过程中，洛伦兹力不做功，电场力做负功，根据动能定理，离子在偏转过程中速度越来越小，选项 C 正确；洛伦兹力方向总与速度方向垂直，永不做功，选项 D 错误。

【教学建议】教学磁流体发电机的原理时，要引导学生从一维到二维逐渐展开，最后形成三维立体图，见图 2－62，也可以通过实物模型来帮助学生直观地学习。

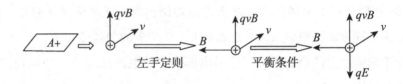

图 2－62

91. 如图 2－63 所示，M，N 是一对平行金属板，分别接到直流电源的两极上，右边挡板开有 a，b，c 三个小孔，孔 b 在正中间，纸面内存在垂直纸面的匀强磁场，从两板左侧中点 o 处沿 ob 方向分别射入离子1、2，运动轨迹如图所示，下列判断正确的是（　　）

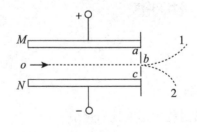

图 2－63

A. 离子1的比荷比离子2小

B. 仅适当增大直流电源的电压，离子1可以从 a 孔射出

C. 仅适当增大磁感应强度，离子2可以从 a 孔射出

D. 仅适当增大离子2在 o 处的入射速度，可以使其从 c 孔射出

【设计意图】主要考查学生的理解能力和推理能力，考查内容涉及洛伦兹

力、洛伦兹力的方向、洛伦兹力公式、匀强电场中电势差与电场强度的关系等。题目以"速度选择器"为背景素材，考查学生运用规律解决基本复合场问题的能力，引导学生关注物理知识在生活中的应用，促进学生物理观念的形成和科学思维的发展。

【题目分析】设电源电动势为 ε，板间距离为 d，磁场磁感应强度为 B，离子的入射速度为 v，离子能沿 ob 做直线运动，结合左手定则可知，匀强磁场方向垂直纸面向里，再根据运动轨迹可知，离子1带正电，离子2带负电，受力如图 2-64，根据平衡条件 $q_1 v_1 B = q_1 E = q_1 \dfrac{\varepsilon}{d}$，即 $v_1 = \dfrac{\varepsilon}{dB}$，同理 $v_2 = \dfrac{\varepsilon}{dB}$，可见 $v_1 = v_2$。洛伦兹力提供向心力 $qvB = m\dfrac{v^2}{r}$，可得 $\dfrac{q}{m} = \dfrac{v}{rB}$，由运动轨迹可知，离子1在磁场中做圆周运动的半径比离子2大，因此离子1的比荷比离子2小，选项 A 正确；仅适当增大直流电源的电压，见图 2-64，离子1向下偏转，可以从 c 孔射出，选项 B 错误；仅适当增大磁感应强度，见图 2-64，离子2向下偏转，可以从 c 孔射出，选项 C 错误；仅适当增大离子2在 o 处的入射速度，见图 2-64，离子2向下偏转，可以从 c 孔射出，选项 D 正确。

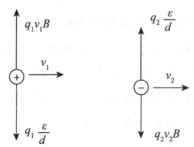

图 2-64

【教学建议】教学中要引导学生归纳总结速度选择器原理。速度选择器是指在平行板中加上互相垂直的电场和磁场，将具有一定速度的粒子选择出来的装置。带电粒子能够匀速直线通过速度选择器的条件是洛伦兹力等于电场力，即 $qvB = qE$，能选择出速度 $v = \dfrac{E}{B}$ 的带电粒子，只能选择速度（大小和方向）而不能选择电性。带电粒子在电场、磁场并存的空间中运动时，电场力、磁场力将按自身的特性独立作用于粒子，其中洛伦兹力对运动电荷不做功，电场力做功与路径无关。当带电粒子在电场、磁场并存的空间中做直线运动时，电场力和洛伦兹力的合力必为零，一定做匀速直线运动，即电场力和洛伦兹力一定等值反向。

92. 某市"创文"期间，环保部门为监测某工厂的污水排放量，在该厂的排污管末端安装了如图2–65所示的流量计。该装置由绝缘材料制成，其长、宽、高分别为 a, b, c，左右两端开口。在垂直于上下底面方向加一匀强磁场，前后两个内侧面分别固定有金属板作为电极。电阻率为 ρ 的污水从左向右匀速流经该装置时，接在 M, N 间的理想电压表示数为 U。若用 Q 表示污水流量（单位时间内排出的污水体积），下列说法中正确的是（   ）

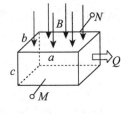

图2–65

A. M, N 间的电场强度大小为 $E = \dfrac{U}{b}$，方向由 M 指向 N

B. 污水的流量 Q 与电压表的示数 U 成正比

C. 电压表的示数 U 与 b 和 c 均成正比，与 a 无关

D. 若电压表的内阻为 R_v，则 M, N 间开路时的电压为 $\dfrac{acR_v + \rho b}{acR_v} U$

【设计意图】 主要考查学生的理解能力和推理能力，考查内容涉及洛伦兹力、洛伦兹力的方向、洛伦兹力公式、匀强电场中电势差与电场强度的关系、电阻定律、闭合电路欧姆定律等。题目以"创文"活动为背景素材，植入电磁流量计模型来创设问题情景，考查学生运用规律解决问题的能力，引导学生关注物理知识在生产生活中的应用，学会学以致用，同时促进学生物理观念的形成和科学思维的发展。

【题目分析】 因为正、负离子在流动时，根据左手定则可知，正离子受洛伦兹力向 N 偏转，N 带正电，负离子受洛伦兹力向 M 偏转，M 带负电，根据匀强电场场强的公式得 $E = \dfrac{U}{b}$，方向由 N 指向 M，选项 A 错误；离子在电场力和洛伦兹力的作用下处于平衡，有 $Eq = qvB$，又 $Q = \dfrac{Sv\Delta t}{\Delta t} = bcv$，联立解得 $Q = \dfrac{c}{B}U$，$U = Bbv$，选项 B 正确，C 错误；根据电阻定律有电源内阻 $r = \rho \dfrac{b}{ac}$，根据串联电路的特点有 $\dfrac{U}{R_v} = \dfrac{\varepsilon}{R_v + r}$，代入可得 M, N 间开路时的电压，即电动

势 $\varepsilon = \dfrac{acR_v + \rho b}{acR_v}U$，选项 D 正确。

【教学建议】 教学中要引导学生归纳总结电磁流量计的构造和原理。构造：主要由电磁流量传感器和转换器组成。其工作原理是法拉第电磁感应定律，即导体在磁场中做切割磁感线运动时，在导体两端会感应出一个与磁场方向和导体运动方向相互垂直的感应电动势。如图 2-66 所示，导电性液体在垂直磁场（磁感应强度 B）的非磁性测量管（直径为 D）内流动（速度为 v），稳定时 $qvB = qE = q\dfrac{U}{D}$，即 $U = BDv$，感应电动势的大小与磁感应强度、流动速度和管的直径成正比，流量 $Q = \dfrac{Sv\Delta t}{\Delta t} = Sv$，代入可得 $Q = \dfrac{\pi D}{4B}U$，因此流量与垂直流动方向上产生的感应电动势成正比。

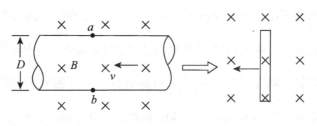

图 2-66

93. 自行车速度计利用霍尔效应传感器获知自行车的运动速率。如图 2-67 甲所示，自行车前轮上安装一块磁铁，轮子每转一圈，这块磁铁就靠近传感器一次，传感器会输出一个脉冲电压。图 2-67 乙为霍尔元件的工作原理图。当磁场靠近霍尔元件时，导体内定向运动的自由电荷在磁场力作用下发生偏转，最终使导体在与磁场、电流方向都垂直的方向上产生电势差，即为霍尔电势差。下列说法正确的是（　　）

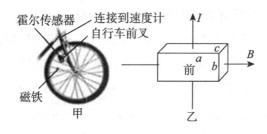

图 2-67

A. 根据单位时间内的脉冲数和车轮半径可估计车速大小

B. 自行车的车速大小与霍尔电势差大小成正比

C. 若图乙中霍尔元件的前端电势高，则元件中的载流子为负电荷

D. 若其他条件不变，霍尔电势差与 a 成反比

【设计意图】主要考查学生的理解能力和推理能力，考查内容涉及洛伦兹力、洛伦兹力的方向、洛伦兹力公式、左手定则、匀强电场中电势差与电场强度的关系、电流的微观表达式等。题目以自行车速度计为背景素材，植入霍尔效应模型来创设问题情景，考查学生对基本规律的理解能力，引导学生关注物理知识在日常生活中的应用，激发学生的学习兴趣，促进学生物理观念的形成和科学思维的发展。

【题目分析】设单位时间内的脉冲数为 m，车轮半径为 r，若车轮不打滑，则自行车的速度大小 $v = m \cdot 2\pi r = 2\pi mr$，选项 A 正确；根据 $qvB = qE = q\dfrac{U}{c}$，可得霍尔电势差 $U = Bcv$，又有电流微观表达式 $I = nqvS$，其中 n 为单位体积内自由电荷的数目，联立可得 $U = \dfrac{IB}{nqa}$，可知自行车的车速大小与霍尔电势差大小无关，霍尔电势差与 a 成反比，选项 B 错误，D 正确；根据左手定则可知，载流子受洛伦兹力向后端偏转，若图乙中霍尔元件的前端电势高，即后端聚集负电荷，可见载流子带负电荷，选项 C 正确。

【教学建议】霍尔效应是美国物理学家霍尔（E. H. Hall，1855—1938）于 1879 年发现的一种电磁效应。当电流垂直于外磁场通过半导体时，载流子发生偏转，垂直于电流和磁场的方向会产生一附加电场，从而在半导体的两端产生电势差，这一现象就是霍尔效应，这个电势差也被称为霍尔电势差。霍尔效应使用左手定则判断。

霍尔效应在人教版普通高中课程标准实验教科书选修 3 - 1 中虽以《课题研究》形式呈现，但该知识点在自动化检测方面有广泛应用，也是高考命题的题材之一，因此，新授课或复习课都要引导学生扎实掌握该知识点。

94. 如图 2 - 68 所示，竖直虚线 MN，PQ 间的区域存在垂直纸面的匀强磁场，一不计重力的离子从 O 点以一定速度垂直 MN 射入该区域，以加速度 a_1 运动 t_1 时间后以速率 v_1，偏转角 α 从 A 点射出。撤去磁场，虚线内区域改加竖直方向的匀强电场完成同样过程，离子以加速度 a_2 运动 t_2 时间后以速率

ν_2，偏转角 β 仍从 A 点射出。下列判断正确的是（　　）

A. $t_1 > t_2$ B. $\nu_1 > \nu_2$ C. $\alpha < \beta$ D. $a_1 < a_2$

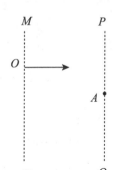

【设计意图】 主要考查学生的理解能力、推理能力、分析综合能力以及应用数学知识解决物理问题的能力，考查内容涉及带电粒子在匀强磁场中的运动、洛伦兹力的方向、带电粒子在匀强电场中的运动等。题目设置离子经过相同位置进出一有界磁场或电场区域，植入匀速圆周运动或类平抛运动情景模型，重点考查学生应用数学知识解决磁偏转和电偏转问题的能力，促进学生运动与相互作用观念的形成和科学思维的提升。

图 2 - 68

【题目分析】 设离子从 O 点射入的速度为 ν_0，当 MN，PQ 间的区域存在垂直纸面的匀强磁场时，如图 2 - 69 甲所示，离子做匀速圆周运动，则 $\nu_1 = \nu_0$，当 MN，PQ 区域改为竖直方向的匀强电场，如图 2 - 69 乙所示，离子做类平抛运动，则 $\nu_2 > \nu_0$，因此 $\nu_2 > \nu_1 = \nu_0$，又有 $t_1 = \dfrac{\widehat{OA}}{\nu_1}$，

$t_2 = \dfrac{x}{\nu_0}$，且 $\widehat{OA} > x$，综合可知 $\nu_2 > \nu_1$，$t_1 > t_2$，故选项 A 正确，选项 B 错误；设离子做匀速圆周运动的半径为 R，离子做类平抛运动时 $x = R\sin\alpha$，$y = R$ $(1 - \cos\alpha)$，根据类平抛运动的重要推论一：任意时刻速度与初速度方向夹角的正切值等于位移与初速度方向夹角正切值的 2 倍，即 $\tan\beta = \dfrac{\nu_y}{\nu_0} = \dfrac{2y}{x} =$

$\dfrac{2 (1 - \cos\alpha)}{\sin\alpha} = 2\tan\dfrac{\alpha}{2} = \tan\alpha$ $(1 - \tan^2\dfrac{\alpha}{2})$，可知 $\tan\alpha > \tan\beta$，即 $\alpha > \beta$，故选项 C 正确。

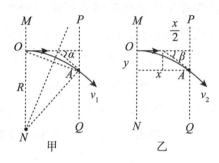

图 2 - 69

也可以利用类平抛运动的重要推论二：任意时刻速度方向反向延长线与初速度方向交于 $\dfrac{x}{2}$ 处，结合图 2-69 甲、乙也可得 $\alpha > \beta$。

$$a_1 = \frac{v_0^2}{R}, \quad y = R(1 - \cos\alpha) = \frac{1}{2}a_2 t_2^2, \quad x = R\sin\alpha = v_0 t_2,$$

$$a_2 = \frac{2R(1 - \cos\alpha)}{t_2^2} = \frac{2R(1 - \cos\alpha)v_0^2}{R^2 \sin^2\alpha} = \frac{2v_0^2}{R(1 + \cos\alpha)} > \frac{v_0^2}{R} = a_1, \quad \text{故选项}$$

D 错误。

【教学建议】离子的磁偏转和电偏转问题属于"形同质异"的问题，前者的运动是匀速圆周运动，运动方程是圆方程，后者的运动是类平抛运动，运动方程是抛物线方程，切忌张冠李戴。画好运动轨迹是成功解决此类问题的关键，磁偏转的偏转角与时间关系 $\alpha = \dfrac{qB}{m}t$，电偏转的偏转角与时间关系 $\tan\beta = \dfrac{g}{v_0}t$。

四、电磁感应

95. 如图 2-70 所示，两条平行通电长直导线 a，b 固定在光滑的水平桌面上，正三角形导线框位于两条导线的正中间，线框静止。下列说法正确的是（　　）

A. 线框的磁通量一定为零

B. 若仅增大导线 b 的电流，则线框的磁通量一定增大

C. 若仅增大导线 a 的电流，则线框一定向着导线 b 运动

D. 若线框向着导线 a 运动，则导线 b 的电流一定增大

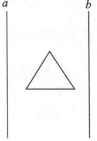

图 2-70

【设计意图】主要考查学生的理解能力和推理能力，考查内容涉及通电直导线周围磁场的方向、安培力、电磁感应现象、磁通量、楞次定律等。该题是对 2019 年高考江苏卷第 7 题的改编，题目借助两导线一线框创设情景模型，重点考查学生对电磁感应现象及楞次定律的理解，引导学生加强对基本物理概念和规律的理解应用，使学生夯实学习发展的基础，促进学生物理观念和科学思维的形成和发展。

【题目分析】线框静止，说明线框不受安培力作用，可见线框中没有感应电流，因此磁通量没有变化，但不一定为零，选项 A 错误；若导线 b 的电流增大，线框的磁通量可能增大也可能减小，选项 B 错误；根据楞次定律，若导线 a 的电流增大，线圈中磁通量发生变化，线圈中产生感应电流，其所受安培力必定推着线圈"远离" a 导线"靠近" b 导线，以"阻碍"原磁通量的"变化"，选项 C 正确；同理，线框向着导线 a 运动，可能仅由导线 a 的电流减少引起，也可能仅由导线 b 的电流增大引起，或者皆由两者引起，甚至可能是导线 a，b 的电流同时增大或同时减小引起，选项 D 错误。

【教学建议】楞次定律中"阻碍"不是阻止，也不是感应电流的磁场方向总与原磁场方向相反，更不是感应电流的磁场"阻碍"原磁场，而是"阻碍"原磁场磁通量的变化。对于这一点的落实，教学上要多花时间，还要创设大量实例引导学生自己去归纳总结，归纳总结切忌一言堂，一味要求学生机械记住"增反减同"的口诀。

应用楞次定律判断感应电流的方向可归纳为四个步骤：①明确原磁场的方向；②明确原磁场的磁通量变化情况；③根据楞次定律确定感应电流的磁场方向；④利用安培定则来确定感应电流的方向。

96. 如图 2 –71 所示电路中，M 为螺线管，两个相同的铝制轻圆环 a，b，分别用细线悬挂于 M 的左端附近和正中间，环 a，b 的中心在 M 的轴线上，不考虑环间的相互作用，下列说法正确的是（　　　）

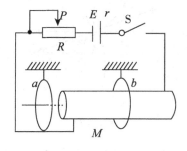

图 2 –71

A. S 闭合瞬间，环 a 向左运动且有收缩趋势

B. S 闭合瞬间，环 b 保持静止且有收缩趋势

C. 保持 S 闭合，P 向左移动过程中，环 a，b 中感应电流方向相同

D. 保持 S 闭合，P 向右移动过程中，环 a，b 中感应电流方向相反

【设计意图】 主要考查学生的理解能力和推理能力，考查内容涉及磁通量、安培定则、电磁感应现象、楞次定律等。题目借助两个轻质铝环置于通电螺线管周围的不同位置来创设情景模型，考查学生对电磁感应现象及广义楞次定律的理解能力，引导学生加强对基本物理概念和规律的理解应用，促进学生相互作用和能量等物理观念的形成以及科学思维的发展。

【题目分析】 开关 S 闭合瞬间，环 a，b 中的磁通量都要增大，环 a，b 中都产生感应电流，因螺线管的绕线方向未知，故无法根据楞次定律判定环中感应电流方向，但是根据广义楞次定律，感应电流的磁场总要阻碍"原磁场"磁通量的增大，即通电螺线管对环的安培力要使环的磁通量减小，见图2-72，设环 a 与一磁感线相交于 P，该处的磁场（方向不明，两种可能）可以沿竖直方向和水平方向分解，竖直方向的磁场对环 a 产生水平向左的安培力使其向左运动，水平方向的磁场对环 a 产生竖直方向的安培力使其有收缩趋势，选项 A 正确；而环 b 处于螺线管的中间位置，P 处的磁场方向为水平方向，故安培力只能在竖直方向，也即环 b 没有向左或右的运动趋势，只有收缩或扩张的趋势，同理，通电螺线管对环 b 的安培力要使环的磁通量减小，故环 b 有收缩趋势，选项 B 正确；保持 S 闭合 P 向左（右）移动过程中，环 a，b 的磁通量均减小（增大），故感应电流方向相同，选项 C 正确，D 错误。

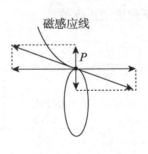

图 2-72

【教学建议】 教学中要落实好以下思想方法：楞次定律是电磁感应现象中相互作用观念和能量守恒定律思想的具体体现，可用"磁铁从图2-73所示位置水平向右运动到导线圈正上方过程，同时使导线圈保持静止"的实例来说明。磁铁从图2-73所示位置运动到导线圈正上方过程中，导线圈的磁通

量一直在增大，线圈中产生感应电流，感应电流的磁场"阻碍"引起感应电流的原磁场的磁通量的变化，即"阻碍"磁铁靠近线圈，这种"阻碍"是"全方位"的，即上下、左右、前后……均阻碍，根据相互作用思想，线圈也"全方位"受力，磁铁对线圈有水平向右、竖直向下、指向圆心方向的安培力，线圈好像"灵魂附体"有生命似的，你（磁铁）要我磁通量增大，我（线圈）就往磁通量减小的方向走，"惹不起躲得起"！在相互作用过程中就把部分机械能转变为感应电流的电能，所以楞次定律的阻碍过程实质上就是能量转化的过程。依上分析可知，磁铁从导线圈正上方水平向右运动过程中，导线圈会表现出"向右运动、向上运动、扩张"等趋势的"生命特征"。

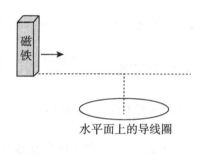

图 2 - 73

　　另外，线圈不一定是面积越大磁通量就越大，一定要注意穿过线圈的磁场是否有不同方向，题目中的环 b 的情况也印证了"索要的越多，得到的越少；索要的越少，得到的越多"的道理。

　　97. 如图 2 - 74 所示，相距 x 的足够长光滑、不计电阻金属导轨水平放置，左端 a，b 间接一阻值为 R 的电阻，导轨有垂直于导轨平面、磁感应强度大小为 B 的匀强磁场。长为 l 的金属杆 cd 与导轨成 θ 角倾斜放置，单位长度的电阻为 r，金属杆以速度 v 沿平行于 ac 的方向滑动。下列说法正确的是（　　）

A. 电路中感应电动势的大小为 $\dfrac{Bxv}{\sin\theta}$

B. 电路中感应电流的大小为 $\dfrac{Bxv\sin\theta}{xr + R\sin\theta}$

C. 电路中 c，d 间的电压为 $\dfrac{Bx^2vr}{xr + R\sin\theta}$

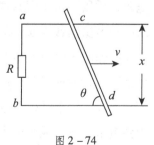

图 2 - 74

D. 金属杆所受安培力的大小为 $\dfrac{B^2x^2\nu}{xr+R\sin\theta}$

【设计意图】主要考查学生的理解能力、推理能力以及分析综合能力，考查内容涉及法拉第电磁感应定律、部分电路和闭合电路欧姆定律、匀强磁场中的安培力等。题目通过熟悉的"U"型框架轨道，设置导体棒切割磁感线产生感应电动势，通过轨道距离、棒长、棒与轨道倾斜等创设问题情景，考查学生应用规律、定律解决问题的能力，引导学生重视对基本规律的理解，促进学生能量观念的形成和逻辑推理等科学思维的提升。

【题目分析】根据法拉第电磁感应定律，电动势 $\varepsilon = B\cdot\dfrac{x}{\sin\theta}\cdot\nu\sin\theta = Bx\nu$，选项 A 错误；金属棒 c，d 间的电阻 $R_{cd} = \dfrac{x}{\sin\theta}r$，根据闭合电路欧姆定律 $I = \dfrac{\varepsilon}{R+R_{cd}}$，代入可得电路中感应电流 $I = \dfrac{Bx\nu\sin\theta}{xr+R\sin\theta}$，选项 B 正确；根据部分电路欧姆定律 $U=IR$，代入可得电路中 c，d 间的电压 $U = \dfrac{Bx\nu R\sin\theta}{xr+R\sin\theta}$，选项 C 错误；根据安培力公式 $F_{安} = BI\dfrac{x}{\sin\theta}$，代入可得金属杆所受安培力的大小为 $F_{安} = \dfrac{B^2x^2\nu}{xr+R\sin\theta}$，选项 D 正确。

【教学建议】利用公式 $\varepsilon = Bl\nu$ 计算"动生"感应电动势要注意以下几点：①l 与 B，l 与 ν 必须同时垂直；②磁场必须是匀强磁场，ν 是导体棒相对磁场的速度（导体棒相对地面静止时也可以产生感应电动势）；③l 是导体棒切割磁感线的"有效长度"。

98. 如图 2-75 所示，两根间距为 l 的平行长直金属导轨置于水平面内，导轨左端接有阻值为 R 的电阻，质量为 m 的导体棒垂直置于导轨上，与导轨间的动摩擦因数为 μ。导轨平面上矩形区域 $abcd$ 内存在磁感应强度为 B 竖直向下的匀强磁场。当磁场以速度 ν_1 匀速向右移动时，导体棒开始运动并达到

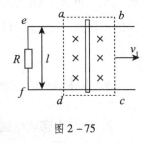

图 2-75

恒定速度，整个过程中导体棒处于磁场区域内，重力加速度为 g，不计棒及轨道的电阻。下列说法正确的是（　　）

A. 通过 R 的最大电流为 $\dfrac{Bl v_1}{R}$，方向由 e 到 f

B. 导体棒运动的最大加速度为 $\dfrac{B^2 l^2 v_1}{mR} - \mu g$

C. 导体棒达到的恒定速度为 $v_1 - \dfrac{\mu mgR}{B^2 l^2}$

D. 导体棒达到恒定速度时，R 的电功率为 $\dfrac{\mu^2 m^2 g^2 R}{B^2 l^2}$

【设计意图】主要考查学生的理解能力、推理能力以及分析综合能力，考查内容涉及滑动摩擦力、牛顿第二定律、电功率、闭合电路欧姆定律、楞次定律（或右手定则）、法拉第电磁感应定律等。题目借助"U"型框架轨道模型，设置"磁场运动"来创设问题情景，考查学生应用规律解决问题的能力，引导学生重视对基本定理、定律的理解，促进学生能量观念的形成和逻辑推理等科学思维的提升。

【题目分析】当磁场以速度 v_1 匀速向右移动时，相当于导体棒以速度 v_1 匀速向左切割磁感线，根据法拉第电磁感应定律和闭合电路欧姆定律，通过 R 的最大电流为 $I = \dfrac{\varepsilon}{R} = \dfrac{Bl v_1}{R}$，由楞次定律（或右手定则）可以判断，流过电阻的电流方向为 f 到 e，选项 A 错误；此时棒受到的安培力为最大值 $F_m = BIl = \dfrac{B^2 l^2 v_1}{R}$，根据牛顿第二定律 $F - \mu mg = ma$，代入可得导体棒运动的最大加速度 $a = \dfrac{B^2 l^2 v_1}{mR} - \mu g$，选项 B 正确；当 $\dfrac{B^2 l^2 (v_1 - v_2)}{R} = \mu mg$ 时，导体棒达到的恒定速度为 $v_2 = v_1 - \dfrac{\mu mgR}{B^2 l^2}$，选项 C 正确；此时电功率 $P = I^2 R$，代入可得 R 的电功率为 $P = \dfrac{\mu^2 m^2 g^2 R}{B^2 l^2}$，选项 D 正确。

【教学建议】利用 $\varepsilon = Blv$ 计算"动生"感应电动势时，v 是导体棒相对磁场做切割磁感线运动的速度，在判别感应电流的方向时，要特别注意认清"方向"。对于题中的"U"形框架，如果磁场区域足够大，轨道光滑且足够长，导体棒最终跟磁场具有相同的速度。教学时要引导学生多角

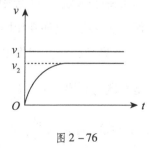

图 2-76

度认识该典型模型，也可以画出如图2-76所示的$v-t$图像来帮助学生理解导体棒的运动过程。

99. 如图2-77甲所示，宽度为l的足够长水平光滑平行金属导轨左端接一电阻R，垂直于导轨平面有磁感应强度为B的匀强磁场，一阻值为r的金属棒垂直放在导轨上。现用水平恒力F作用于金属棒，其运动的$a-v$图像如图2-77乙所示，不计导轨电阻，下列说法正确的是（　　）

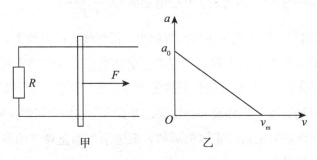

图2-77

A. 金属棒的质量为$\dfrac{F}{a_0}$

B. 电阻R的阻值为$\dfrac{B^2l^2v_m}{F}$

C. 若仅使水平恒力变为$2F$，图乙中横轴截距变为$2v_m$

D. 若仅使匀强磁场变为$2B$，图乙中横轴截距变为$\dfrac{v_m}{2}$

【设计意图】主要考查学生的理解能力、推理能力以及分析综合能力，考查内容涉及牛顿第二定律、匀强磁场中的安培力、闭合电路欧姆定律、法拉第电磁感应定律等。题目通过学生熟悉的"U"型框架轨道，植入运动的$a-v$图像，考查学生应用规律、定理、定律解决问题的能力，重点考查学生对运动的相关物理概念与图像中数学元素对应关系的理解以及信息加工等关键能力，促进学生运动与相互作用观念、能量观念的形成和逻辑推理等科学思维的提升。

【题目分析】根据牛顿第二定律$F-F_{安}=ma$，安培力$F_{安}=BIl$，根据闭合电路欧姆定律$\varepsilon=I(R+r)$，电动势$\varepsilon=Blv$，整理可得$a=\dfrac{F}{m}-\dfrac{B^2l^2}{m(R+r)}v$，当$v=0$时，有$a_0=\dfrac{F}{m}$，即$m=\dfrac{F}{a_0}$，选项A正确；当$a=0$时，有$\dfrac{F}{m}=\dfrac{B^2l^2}{m(R+r)}$

ν_{m}，可得 $R = \dfrac{B^2 l^2 \nu_{\mathrm{m}}}{F} - r$，选项 B 错误；若仅使水平恒力变为 $2F$，同理可知图乙中横轴截距变为 $2\nu_{\mathrm{m}}$，选项 C 正确；若仅使匀强磁场变为 $2B$，同理可知图乙中横轴截距变为 $\dfrac{\nu_{\mathrm{m}}}{4}$，选项 D 错误。

【教学建议】 对于通过 $x-t$，$\nu-t$，$a-t$，$a-\nu$，$a-x$ 等图像呈现运动规律的题目，推导与之相对应的规律表达式是成功解决问题的抓手。同时，对图像类问题，要注意"三看"：一看"轴"，分清横、纵轴表示什么物理量；二看"距"，看清图线在坐标轴上的截距；三看"率"，弄清斜率表示的物理意义。

100. 如图 2-78 所示为某兴趣小组同学制作的一个金属安检仪原理简化模型图。水平传送带上一宽度为 L 的矩形区域 $abdc$ 内有磁感应强度为 B，方向垂直传送带的磁场，一边长为 L，质量为 m，电阻为 R 的正方形均匀金属线圈 $efhg$ 平放在传送带上。已知 $fh < ab$，重力加速度为 g，整个过程中线圈随传送带一起以速度 ν 匀速运动，下列说法正确的是（　　　）

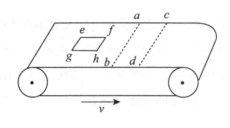

图 2-78

A. 线圈进、出磁场时，fh 间的电势差均为 $\dfrac{3BL\nu}{4}$

B. 线圈与传送带间的动摩擦因数不小于 $\dfrac{B^2 L^2 \nu}{mgR}$

C. 线圈穿过磁场过程中通过导线某一横截面的电荷量为 $\dfrac{2BL^2}{R}$

D. 线圈穿过磁场过程中电动机至少多消耗的电能为 $\dfrac{2B^2 L^3 \nu}{R}$

【设计意图】 主要考查学生的理解能力、推理能力以及分析综合能力，考查内容涉及滑动摩擦力、匀强磁场中的安培力、欧姆定律、闭合电路欧姆定律、法拉第电磁感应定律、功能关系等。题目借助安检仪原理模型，通过金属线圈进出磁场过程来创设问题情景，考查学生应用规律、定律解决实际问题的能力，激发学生的学习兴趣，引导学生关注物理知识在生活中的应用，促进学生运动与相互作用观念、能量观念的形成，提升学生的逻辑推理能力。

【题目分析】线圈进、出磁场时回路产生的感应电动势 $\varepsilon = BLv$，而在进入磁场过程中，fh 边相当于电源，离开时是负载电阻，故线圈进、出磁场时，fh 间的电势差分别为 $\dfrac{3BLv}{4}$，$\dfrac{BLv}{4}$，选项 A 错误；线圈进、出磁场时回路产生的感应电流 $I = \dfrac{\varepsilon}{R}$，安培力 $F_{安} = BIL$，静摩擦力 $f = F_{安}$，又有 $f \leqslant \mu mg$，可得 $\mu \geqslant \dfrac{B^2 L^2 v}{mgR}$，选项 B 正确；电流通过某一横截面的电荷量 $q = \bar{I} \Delta t = \dfrac{\varepsilon}{R} \Delta t = n \dfrac{\Delta \Phi}{R \Delta t} \Delta t = n \dfrac{\Delta \Phi}{R}$，线圈穿过磁场的过程中 $\Delta \Phi = 0$，故选项 C 错误；线圈穿过磁场过程，电动机至少多消耗的电能 $W = f \cdot 2L$，结合以上有 $W = \dfrac{2B^2 L^3 v}{R}$，选项 D 正确。

【教学建议】解决线圈垂直切割磁感线进入磁场产生的感应电动势问题，一定要注意紧盯"切割边"，关注其"变化"。电磁感应现象是能量守恒与转化思想的具体体现，因此解决此类问题常常要从能量转化的角度入手。电磁感应定律在日常生活中有广泛的应用，建议教学中以小专题形式对这部分内容进行系统复习。

101. ①如图 2 - 79 所示为法拉第圆盘发电机的示意图，铜盘绕竖直铜轴在垂直于盘面向上的匀强磁场中转动，铜片 P，Q 分别与铜盘边缘、铜轴接触，铜盘按图示方向转动，下列说法正确的是（　　　）

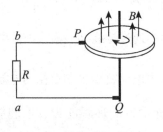

图 2 - 79

A. 穿过整个铜盘的磁通量发生变化，通过 R 的电流方向从 a 到 b

B. 通过铜盘的电流方向从 P 到 Q，故 P 点的电势比 Q 点高

C. 若铜盘的转动周期变为原来的 2 倍，则通过 R 的电流变为原来的 2 倍

D. 若铜盘的半径变为原来的 2 倍，则 R 上的热功率变为原来的 16 倍

101. ②如图 2−80 所示，两闭合导轨间距离、内圆半径均为 d，两轨间充满磁感应强度为 B，方向垂直线面向里的匀强磁场，轨间接有阻值为 R 的电阻和电容为 C 的电容器。一根阻值为 R 导体棒在平行直轨道上垂直导轨以速率 v 做匀速直线运动，在圆弧导轨上匀速转动，棒与内圆轨道接触点的线速度大小为 v，运动中棒的延长线始终过圆心 O_1 或 O_2。棒和轨道电阻忽略不计，下列说法正确的是（　　　）

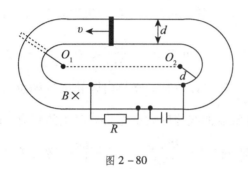

图 2−80

A. 棒在平行直轨道上运动时，电阻 R 的电功率为 $\dfrac{B^2 d^2 v^2}{2R}$

B. 棒在平行直轨道上运动时，电容器所带电荷量为 $\dfrac{CBdv}{2}$

C. 棒在圆弧导轨上匀速转动时，电阻 R 的电功率为 $\dfrac{9B^2 d^2 v^2}{16R}$

D. 棒在圆弧导轨上匀速转动时，电容器所带电荷量为 $\dfrac{3CBdv}{2}$

【设计意图】主要考查学生的理解能力、推理能力以及分析综合能力，考查内容涉及电容器的电压、电荷量和电容的关系、电功率、欧姆定律、闭合电路欧姆定律、法拉第电磁感应定律等。题目借助"标准跑道"作为轨道素材背景，通过植入导体棒的平动和转动来创设问题情景，考查学生应用规律解决问题的能力，促进学生运动与相互作用观念、能量观念的形成和分析与综合等科学思维的提升。

【题目①分析】铜盘按图示方向转动，相当于铜盘任一半径都在切割磁感线，根据右手定则可以判断，电流方向为 $PQabQ$，圆盘是电源，电源内部电流从低电势流向高电势，P 点的电势比 Q 点低，而穿过整个铜盘的磁通量没

有变化，选项 A、B 错误；若铜盘的转动周期变为原来的 2 倍，角速度变为 $\frac{1}{2}$ 倍，圆盘转动产生的电动势 $\varepsilon = Br\bar{v} = Br\frac{\omega r}{2} = \frac{1}{2}Br^2\omega$，其中 r 为圆盘半径，ω 为转动角速度，故电动势变为 $\frac{1}{2}$ 倍，因此通过 R 的电流变为原来的一半，选项 C 错误；由于 R 上的热功率 $P = \frac{\varepsilon^2}{R}$，代入可得 $P = \frac{B^2r^4\omega^2}{4R}$，选项 D 正确。

【题目②分析】 棒在平行直轨道上运动时，产生的感应电动势 $\varepsilon = Bdv$，回路的感应电流 $I = \frac{\varepsilon}{2R}$，路端电压 $U = IR$，电阻 R 的电功率 $P = I^2R$，电容器所带电荷量 $Q = CU$，代入可得 $P = \frac{B^2d^2v^2}{4R}$，$Q = \frac{CBdv}{2}$，选项 A 错误，B 正确；棒在圆弧导轨上匀速转动时，棒与内圆轨道接触点的线速度大小为 v，则棒与外圆轨道接触点的线速度大小为 $2v$，产生的感应电动势 $\varepsilon = Bd\bar{v} = Bd\frac{v+2v}{2} = \frac{3Bdv}{2}$，同理可得 $P = \frac{9B^2d^2v^2}{16R}$，$Q = \frac{3CBdv}{4}$，选项 C 正确，D 错误。

【教学建议】 导体棒转动切割磁感线产生的感应电动势 ε，可按下面两个思路来推导，见图 2−81。

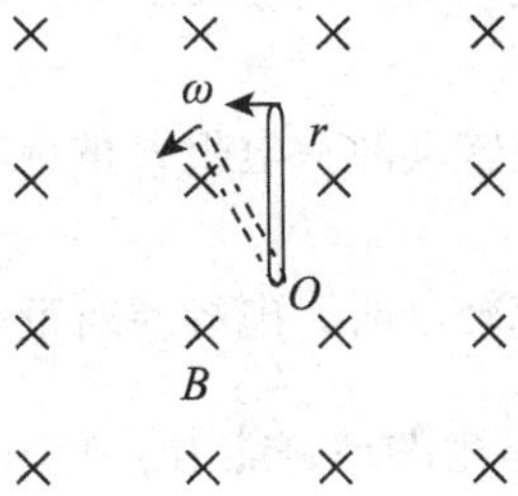

图 2−81

1. 导体棒的平均线速度 $\varepsilon = Br\bar{v} = Br\frac{\omega r}{2} = \frac{1}{2}Br^2\omega$；

2. 法拉第电磁感应定律 $\varepsilon = \frac{\Delta\Phi}{\Delta t} = B\frac{\Delta S}{\Delta t}$，而 $\Delta S = \frac{\omega\Delta t}{2\pi}\pi r^2$，代入可得 $\varepsilon = \frac{1}{2}Br^2\omega$。解决转动切割产生的感应电动势的关键是弄清原理图，题①、②原理图分别如图 2−82 和 2−83 所示。

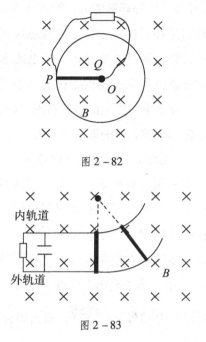

图 2－82

图 2－83

102. 如图 2－84 甲为电动汽车无线充电原理图，M 为受电线圈，N 为送电线圈。图 2－84 乙为受电线圈 M 的示意图，线圈匝数为 n，电阻为 r，横截面积为 S，线圈两端 a，b 连接车载变流装置，匀强磁场平行于线圈轴线向上穿过线圈。下列说法正确的是（　　　）

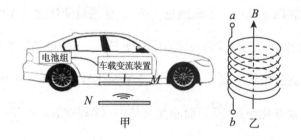

图 2－84

A. 只要受电线圈两端有电压，送电线圈中的电流一定不是恒定电流

B. 只要送电线圈 N 中有电流流入，受电线圈 M 两端一定可以获得电压

C. 当线圈 M 中磁感应强度大小均匀增加时，则 M 中有电流从 a 端流出

D. 若 Δt 时间内，线圈 M 中磁感应强度大小均匀增加 ΔB，则 M 两端的电压为 $\dfrac{nS\Delta B}{\Delta t}$

【设计意图】主要考查学生的理解能力、推理能力以及分析综合能力，考查内容涉及闭合电路欧姆定律、楞次定律、电磁感应定律等。题目以电动汽车无线充电原理为背景材料，通过改变送电、受电线圈中的电流情况创设情景模型，考查学生对电磁感应现象及楞次定律的理解能力，同时考查学生对规律的理解应用能力，引导学生关注生活中的物理"问题"，激发学生的学习兴趣，促进学生物理观念和科学思维的形成和发展。

【题目分析】电动汽车无线充电原理是电磁感应，只有送电线圈输入交变电流时受电线圈才能产生电压，因此要使受电线圈两端有电压，送电线圈中的电流一定不是恒定电流，选项 A 正确；如果送电线圈通入直流电流，受电线圈两端没有电压，选项 B 错误；当受电线圈中磁感应强度大小均匀增加时，根据楞次定律可以判定，线圈中有顺时针（自上而下看）方向的电流，选项 C 正确；若 Δt 时间内，受电线圈中磁感应强度大小均匀增加 ΔB，根据电磁感应定律，线圈中产生的感应电动势 $\varepsilon = \dfrac{nS\Delta B}{\Delta t}$，根据闭合电路欧姆定律 $\varepsilon = U + Ir$，则受电线圈两端的电压 $U < \varepsilon = \dfrac{nS\Delta B}{\Delta t}$，选项 D 错误。

【教学建议】电磁感应中产生感应电动势的那部分导体（或者回路）相当于电源，其电阻就是电源的内电阻。利用法拉第电磁感应定律 $\varepsilon = n\dfrac{\Delta \Phi}{\Delta t}$ 解决问题时要注意以下几点：①磁通量（Φ），磁通量变化量（$\Delta \Phi$），磁通量变化率（$\dfrac{\Delta \Phi}{\Delta t}$）的性质完全不同；②应用 $\varepsilon = n\dfrac{\Delta \Phi}{\Delta t}$ 求出的电动势为整个回路的感应电动势；③磁通量是标量，但计算磁通量变化量要考虑磁通量的方向；④n 匝线圈的磁通量变化率是 $\dfrac{\Delta \Phi}{\Delta t}$，而不是 $n\dfrac{\Delta \Phi}{\Delta t}$；⑤利用 $\varepsilon = n\dfrac{\Delta \Phi}{\Delta t}$ 求出的感应电动势一般是平均值，只有当 $\Delta t \to 0$ 时，才是瞬时电动势。

103. 空间存在一方向与纸面垂直、大小随时间变化的磁场，其边界如图 2-85 中虚线 MN 所示，一个电阻为 R，匝数为 n 的圆形金属线圈与阻值为 2R 的电阻 R_1 连接成闭合回路。线圈的半径为 r，固定在纸面内，圆心 O 在 MN 上。$t=0$ 时磁场方向如图 2-85 甲所示，磁感应强度 B 随时间 t 的变化关系如图 2-85 乙所示，在 0 至 t_1 时间内（   ）

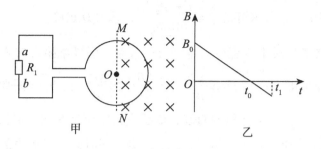

图 2 - 85

A. 圆环中的感应电动势大小为 $\dfrac{n\pi B_0 r^2}{2t_0}$

B. 圆环 t_1 时刻所受安培力大小为 $\dfrac{n\pi t_1 B_0^2 r^3}{3Rt_0^2}$

C. 通过电阻 R_1 的电荷量为 $\dfrac{n\pi B_0 r^2}{6Rt_0 t_1}$

D. 电阻 R_1 产生的热量为 $\dfrac{n^2\pi^2 B_0^2 r^4 t_1}{18Rt_0^2}$

【设计意图】主要考查学生的理解能力、推理能力以及分析综合能力，考查内容涉及闭合电路欧姆定律、电功率、匀强磁场中的安培力、电荷量、电磁感应定律等。该题是对 2019 年高考全国 I 卷第 20 题的改编拓展，题目借助圆形金属线圈结合图像来创设情景模型，考查学生对规律、定律的理解应用能力，考查学生利用图像获取信息的能力，促进学生物理观念的形成，提升学生的逻辑思维能力。

【题目分析】根据法拉第电磁感应定律，圆环中的感应电动势 $\varepsilon = n\dfrac{\Delta\Phi}{\Delta t} =$

$nS\dfrac{\Delta B}{\Delta t}$，由图像可得 $\dfrac{\Delta B}{\Delta t} = \dfrac{B_0}{t_0}$，有效面积 $S = \dfrac{1}{2}\pi r^2$，代入可得 $\varepsilon = \dfrac{n\pi B_0 r^2}{2t_0}$，选项

A 正确；感应电流 $I = \dfrac{\varepsilon}{3R}$，圆环 t_1 时刻所受安培力 $F = B_1 I \cdot 2r$，而 $B_1 = \dfrac{B_0}{t_0}$

$(t_1 - t_0)$，可得 $F = \dfrac{n\pi B_0^2 r^3}{3Rt_0^2}(t_1 - t_0)$，选项 B 错误；0 至 t_1 时间内通过电阻 R_1

的电荷量 $q = It_1$，可得 $q = \dfrac{n\pi B_0 t_1 r^2}{6Rt_0}$，选项 C 错误；0 至 t_1 时间内电阻 R_1 产生

的热量 $Q = I^2 R_1 t_1$，代入可得 $Q = \dfrac{n^2 \pi^2 B_0^2 r^4 t_1}{18 R t_0^2}$，选项 D 正确。

【教学建议】 对于"感生"电动势的教学，引导学生理解磁感应强度的"变化率"是关键，对于 $\varepsilon = n \dfrac{\Delta \Phi}{\Delta t} = nS \dfrac{\Delta B}{\Delta t}$ 中的 $\dfrac{\Delta B}{\Delta t}$，在 $B - t$ 图像中，不管磁场方向如何，只要是同一倾斜直线，磁感应强度变化率就一定相同，产生的感应电动势及感应电流一定相同，但要注意不同时刻中安培力的大小和方向可能不同，还要注意 S 是指在磁场中的"有效面积"。

104.①如图 2 – 86 所示，在水平面上有等腰直角三角形 ABC 导线框。在导线框右侧有一宽度大于线框腰长的条形匀强磁场区域，AB 与磁场边界平行。用力使线框沿图示方向向右匀速运动，从图 2 – 86 所示位置开始计时，下列关于回路中电流 i 与时间 t 的关系可能正确的是（　　）

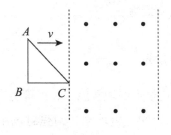

图 2 – 86

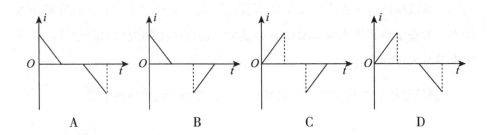

A   B   C   D

104.②如图 2 – 87 所示，空间水平虚线 MN 下方存在一垂直纸面向外的匀强磁场，纸面内磁场正上方有一正方形导线框，其上下两边均与磁场边界平行。若线框自由下落，从其下边进入磁场开始计时，直至上边刚进入磁场为止，下列 $v - t$ 图像中，可能正确描述上述过程的是（　　）

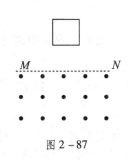

图 2 – 87

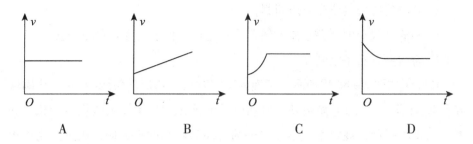

A   B   C   D

【设计意图】 主要考查学生的理解能力、推理能力以及分析综合能力，考查内容涉及牛顿第二定律、安培力、欧姆定律、楞次定律、法拉第电磁感应定律等。题目借助"三角形""正方形"线圈作为素材背景，通过植入导线框边平动切割磁感线来创设问题情景，考查学生应用规律解决问题的能力，促进学生运动与相互作用观念、能量观念的形成以及信息加工、逻辑推理等关键能力的提升。

【题目①分析】 等腰直角三角形 ABC 导线框向右匀速运动，进入磁场产生的感应电动势 $\varepsilon = Blv$，而 $l = vt$，故 $\varepsilon = Bv^2t$，可知选项 A、B 错误；ABC 导线框向右匀速运动离开磁场产生的感应电动势 $\varepsilon = Bv^2t$，根据楞次定律可知，感应电流的方向相反，因此选项 C 错误，D 正确。

【题目②分析】 设正方向导线框的质量为 m，边长为 l，电阻为 r，磁感应强度为 B，刚进入磁场的速度大小为 v，产生的感应电动势 $\varepsilon = Blv$，感应电流 $I = \dfrac{\varepsilon}{r}$，安培力 $F = BIl$，综合可得 $F = \dfrac{B^2l^2v}{r}$。若 $F = mg$，即当 $v = \dfrac{mgr}{B^2l^2}$ 时，线圈进入磁场过程做匀速直线运动，选项 A 正确；若 $F < mg$，即当 $v < \dfrac{mgr}{B^2l^2}$ 时，$mg - \dfrac{B^2l^2v}{r} = ma$，线圈可能做加速度逐渐减小的加速直线运动，也可能先做加速度逐渐减小的加速运动，后做匀速运动；若 $F > mg$，即当 $v > \dfrac{mgr}{B^2l^2}$ 时，$\dfrac{B^2l^2v}{r} - mg = ma$，线圈可能做加速度逐渐减小的减速直线运动，也可能先做加速度逐渐减小的减速运动，后做匀速运动，因此选项 B、C 错误，D 正确。

【教学建议】 解决电磁感应动生电动势类的图像问题，教学中要引导学生注意以下几点：

1. 认清图像类型：$i-t$，$E-t$，$F-t$，……；

2. 分清单边切割还是双边切割；

3. 弄清有效长度（磁场中导线首尾相连在垂直于速度方向的分量）；

4. 辨清左、右手定则。

105.①如图 2 – 88 甲所示，纸面内固定有正三角形均匀线圈 abc，线圈区域有垂直纸面向外的匀强磁场，磁感应强度 B 随时间 t 按正弦规律变化，如图 2 – 88 乙所示，规定垂直纸面向外的方向为磁场的正方向，则下列说法正确的是（　　）

A. $t = 1\text{s}$ 和 $t = 7\text{s}$ 时，回路感应电流大小和方向均相同

B. $t = 3\text{s}$ 和 $t = 5\text{s}$ 时，回路感应电流大小相等，方向相反

C. $t = 4\text{s}$ 和 $t = 6\text{s}$ 时，ab 边受到的安培力为零

D. $t = 1\text{s}$ 和 $t = 5\text{s}$ 时，ab 边受到的安培力大小相同，方向相反

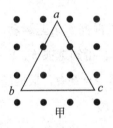 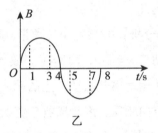

图 2 – 88

105.②如图 2 – 89 甲所示，纸面内固定有边长为 l，电阻为 r 的正三角形线圈 abc，$t = 0$ 时线圈区域有垂直纸面向外的匀强磁场，磁感应强度 B 随时间 t 的变化规律如图 2 – 89 乙所示，规定顺时针方向为电流 i 的正方向，用 F 表示 bc 边受到的安培力，以垂直 bc 边向上为 F 的正方向，下列能正确反映 i，F 随时间 t 变化的图像是（　　）

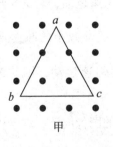 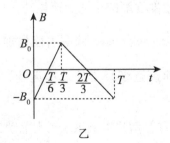

图 2 – 89

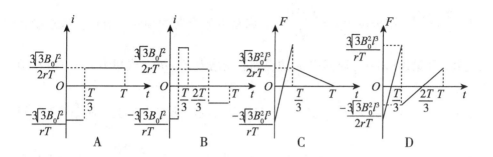

【设计意图】 主要考查学生的理解能力、推理能力以及分析综合能力，考查内容涉及牛顿第二定律、安培力、欧姆定律、左手定则、楞次定律、法拉第电磁感应定律等。题目借助"三角形"线圈作为素材背景，通过植入穿过线圈磁通量的不同变化情况来创设问题情景，考查学生应用定律解决问题的能力，同时考查学生的信息加工、逻辑推理等关键能力，促进学生运动与相互作用观念、能量观念的形成和逻辑推理等科学思维的提升。

【题目①分析】 根据法拉第电磁感应定律，电动势 $\varepsilon = \dfrac{\Delta\Phi}{\Delta t} = S\dfrac{\Delta B}{\Delta t}$，穿过三角形线圈的磁通量按正弦规律变化，$t=1\text{s}$ 和 $t=7\text{s}$ 时 $\dfrac{\Delta B}{\Delta t}$ 相同，感应电动势相同，根据闭合电路欧姆定律，感应电流大小相等，方向相同，选项 A 正确；同理，$t=3\text{s}$ 和 $t=5\text{s}$ 时，感应电流大小相等，方向相同，选项 B 错误；$t=4\text{s}$ 时 $\dfrac{\Delta B}{\Delta t}\neq 0$，回路有感应电流，但磁感应强度为零。故 ab 边所受安培力为零。$t=6\text{s}$ 时磁感应强度不为零，但 $\dfrac{\Delta B}{\Delta t}=0$，回路没有感应电流，故 ab 边所受安培力为零，选项 C 正确；根据楞次定律，$t=1\text{s}$ 时，ab 边的电流从 b 到 a，$t=5\text{s}$，ab 边的电流从 a 到 b，但两个时刻的磁场方向也相反，故 ab 边受到的安培力大小、方向均相同，选项 D 错误。

【题目②分析】 由图 2−89 乙可知，$0\sim\dfrac{T}{3}$ 时间内 $\dfrac{\Delta B}{\Delta t} = \dfrac{6B_0}{T}$，电动势 $\varepsilon = \dfrac{\Delta\Phi}{\Delta t} = S\dfrac{\Delta B}{\Delta t}$，而三角形的面积 $S = \dfrac{\sqrt{3}}{2}l^2$，回路的感应电流 $i = \dfrac{\varepsilon}{r}$，代入可得 $i = \dfrac{3\sqrt{3}B_0l^2}{rT}$，根据楞次定律可以判断回路电流方向为逆时针方向，而 $\dfrac{T}{3}\sim T$ 时间

内 $\dfrac{\Delta B}{\Delta t} = \dfrac{3B_0}{T}$，同理可得 $i = \dfrac{3\sqrt{3}B_0 l^2}{2rT}$，回路电流方向为顺时针方向，故选项 A 正确，B 错误；$0 \sim \dfrac{T}{3}$ 时间内 bc 边受到的安培力 $F = Bil$，安培力大小正比于 B 的大小，最大值为 $F = \dfrac{3\sqrt{3}B_0^2 l^3}{rT}$，方向先竖直向下再竖直向上。而 $\dfrac{T}{3} \sim T$ 时间内，同理，安培力大小正比于 B 的大小，最大值为 $F = \dfrac{3\sqrt{3}B_0^2 l^3}{2rT}$，方向先竖直向下再竖直向上，故选项 C 错误，D 正确。

【教学建议】 解决电磁感应感生电动势类的图像问题，教学中要引导学生关注以下几点：

1. 关注图像类型：$i-t$，$E-t$，$F-t$，……；

2. 关注初始时刻：初始时刻的磁感应强度或感应电流是否为零，若不为零，是正方向还是负方向；

3. 关注变化过程：若电磁感应发生过程分为若干阶段，各阶段是否和图像变化相对应；

4. 关注电流大小：图线斜率大小、图线的曲直程度、磁场中的有效面积的大小和电阻大小；

5. 关注电流方向：楞次定律或右手定则；

6. 关注安培力：大小、方向均由 B 和 I 的大小和方向决定，特别注意 B 为零时 I 可以不为零，B 很大时 I 可以为零，这两种情况下安培力均为零。

106.①如图 2-90 所示电路，灯泡 A、B 规格相同，自感线圈 L 自感系数很大，电阻可忽略，电容器 C 的电容很大。下列说法正确的是（   ）

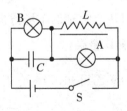

图 2-90

A. S 闭合瞬间 A、B 亮度相同

B. S 闭合后 A、B 亮度相同

C. S 闭合后断开瞬间，A 闪亮一下

D. S 闭合后断开瞬间，B 闪亮一下

106. ②某手持式考试金属探测器如图 2 –91 所示，它能检查出考生违规携带的电子通信储存设备。工作时，探测环中的发射线圈通以正弦式电流，附近的被测金属物中感应出电流，感应电流的磁场反过来又影响探测器线圈中的电流，使探测器发出警报，则（　　　）

图 2 –91

A. 探测器与被测金属物相对静止时也能发出警报

B. 探测器与被测金属物要相对运动才能发出警报

C. 被测金属物中产生的电流可以是交流也可以是直流

D. 违规携带的手机一旦处于关机状态就一定探测不到

【设计意图】主要考查学生的理解能力和推理能力，考查内容涉及电磁感应中的自感、互感、涡流等现象。题目以典型的自感电路和手持式考试金属探测器为背景素材，自感电路中通过开关的切换来创设问题情景，手持式考试金属探测器则通过学生身边的事例来创设问题情景，考查学生应用规律、定律解决问题的能力，引导学生关注物理知识在日常生活中的应用，促进学生运动与相互作用观念、能量观念的形成和逻辑推理等科学思维的提升。

【题目①分析】开关 S 闭合瞬间，电容器支路开路，自感线圈相当于"开路"，灯泡 A、B 与电源形成回路，灯泡亮度相同，故选项 A 正确；S 闭合后，自感线圈把 A 灯短路，A 灯熄灭，选项 B 错误；开关断开瞬间，自感线圈与 A 灯形成回路，A 灯从熄灭状态闪亮一下后熄灭，电容器对 B 灯放电，B 灯逐渐熄灭，故选项 C 正确，D 错误。

【题目②分析】手持式考试金属探测器工作时，探测环中的发射线圈通以正弦式电流,当探测到金属时,金属中会感应出涡流,涡流的磁场反过来影响线圈中的电流,使探测器报警,不管探测器与被测金属物之间是否有相对运动,只要金属离探测器足够近就能发出报警声,故选项 A 正确,B 错误;因为探测环中的发射线圈通以正弦式电流,故被测金属物中产生的是交流电,选项 C 错误;只要手机离探测器足够近,处于任何状态下探测器都可以探测到,选项 D 错误。

【教学建议】当一个线圈中的电流变化时,它产生的变化的磁场会在另一个线圈中产生感应电动势,同时也在它本身激发出感应电动势,前者叫互感现象,后者叫自感现象,两种现象都是常见的电磁感应现象。自感对电路中电流的影响这部分知识内容很抽象,教学中一定要做好演示实验,有条件的学校可以利用电流传感器演示,通过屏幕直观形象地呈现电流随时间变化的图像,然后在理论上予以解释。

五、交变电流

107. 如图 2-92 所示是一教学演示用发电机构造示意图,线框与电阻 R 构成闭合回路,理想交流电压表并联在 R 两端。当线框以较大的角速度匀速转动时,下列说法正确的是 (　　)

A. 因线框中产生交变电流,故电压表的指针左右摆动

B. 线框每转动一周,通过电阻 R 的电荷量为零

C. 图示位置回路感应电动势为零,电压表示数不为零

D. 若线框转速变为 2 倍,则电阻的功率变为 4 倍

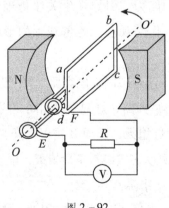

图 2-92

【设计意图】主要考查学生的理解能力和推理能力，考查内容涉及交变电流及其平均值、峰值和有效值等。题目以教学演示用的发电机构造示意图为素材背景，通过其匀速转动发出的交变电流来创设问题情景，考查学生对基本概念、基本规律的理解能力，引导学生重视演示实验的学习，促进学生能量观念的形成和逻辑推理等科学思维的提升。

【题目分析】当线框以某一较大的角速度匀速转动时，线框中产生交变电流，但电压表测量的是有效值，也就是线圈转到任何位置，指针均指在同一固定位置，选项 A 错误；通过电阻的电荷量 $q = \bar{I}\Delta t = \dfrac{\varepsilon}{R_{总}}\Delta t = n\dfrac{\Delta\Phi}{R_{总}}$，线框每转动一周，$\Delta\Phi$ 为零，故 $q = 0$，选项 B 正确；图示位置为中性面，通过线框的磁通量最大，感应电动势为零，电压表测有效值，故选项 C 正确；正弦式交变电压最大值 $\varepsilon_m = nBS\omega$，若线框转速变为 2 倍，则最大值变为 2 倍，电流有效值也变为 2 倍，根据 $P = I^2R$，电阻的功率变为 4 倍，选项 D 正确。

【教学建议】对于正弦式交变电流，可以总结归纳为"一式一面四值"，"一式"即表达式 $e = nBS\omega\sin\omega t$（中性面开始计时）；"一面"指中性面，该位置磁通量最大，磁通量变化率为零，故感应电动势为零，线框每经过该位置均要改变电流的方向，因此线框每转一圈改变两次电流的方向；"四值"是指瞬时值、峰值、有效值、平均值，瞬时值是指交变电流任一时刻的值，峰值是交变电流的最大值，常用于讨论电容器的击穿电压，有效值是跟交变电流的热效应等效的恒定电流值，常用于与电流热效应计算有关的量、用电设备的"铭牌"、电表测量值、保险丝的熔断电流等；平均值是指交变电流中图线与时间轴所围的"面积"与时间的比值，常用于计算通过导线横截面的电荷量。

108. 如图 2－93 所示为降压理想变压器，四只灯泡 L_1，L_2，L_3，L_4规格相同，灯泡电阻不变。当接入某正弦交流电源时，恰好没有灯泡消耗的功率超过其额定功率，交流电源输出功率与变压器输出功率之比为 25:24，则该变压器原、副线圈匝数比为（　　）

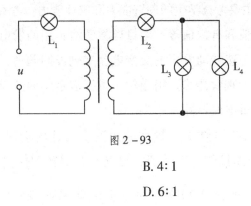

图 2-93

A. $3:1$ B. $4:1$

C. $5:1$ D. $6:1$

【设计意图】主要考查学生的理解能力和推理能力，考查内容涉及理想变压器等。题目以四只规格相同的灯泡接入理想变压器为素材背景，通过"恰好"来植入临界条件，创新问题情景的呈现方式，考查学生对基本概念、规律的理解能力，促进学生能量观念的初步形成和逻辑思维能力的提升。

【题目分析】降压理想变压器，输入电流小于输出电流，又恰好没有灯泡消耗的功率超过其额定功率，故有且只有一个灯泡 L_2 的功率达到额定功率，设灯泡的额定电流为 I_e，电阻为 R，由题意有 $\dfrac{I_1^2 R}{I_e^2 (R+0.5R)} = \dfrac{25-24}{24} = \dfrac{1}{24}$，可得 $\dfrac{I_1}{I_e} = \dfrac{1}{4}$，根据 $\dfrac{I_1}{I_e} = \dfrac{n_2}{n_1}$ 可知，该变压器原、副线圈匝数比为 $4:1$，故选项 A、C、D 错误，B 正确。

【教学建议】教学中要通过例题引导学生归纳总结以下知识点：

1. 理想变压器的工作原理如图 2-94 所示。

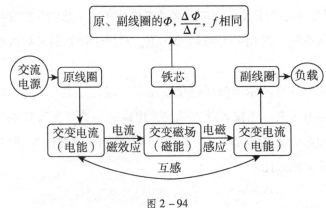

图 2-94

2. 理想变压器中的相互作用关系

表 2-1

理想变压器		① 没有能量损失（铜损、铁损） ② 没有磁通量损失（磁通量全部集中在铁芯中）
基本关系	功率关系	$P_入 = P_出$
	电压关系	原、副线圈的电压比等于匝数比，与负载情况、副线圈个数无关
	电流关系	只有一个副线圈时，电流和匝数成反比；有多个副线圈时，由输入功率和输出功率相等确定电流关系
	频率关系	原、副线圈中电流的频率相等
制约关系	电压	副线圈电压 U_2 由原线圈电压 U_1 和匝数比决定
	功率	原线圈的输入功率 P_1 由副线圈的输出功率 P_2 决定
	电流	原线圈电流 I_1 由副线圈电流 I_2 和匝数比决定

3. 几种常用的变压器

（1）自耦变压器——调压变压器，如图 2-95 甲、乙所示.

（2）互感器

电压互感器：

把高电压变成低电压，如图 2-95 丙所示。

电流互感器：

把大电流变成小电流，如图 2-95 丁所示。

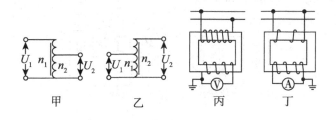

甲　　　　乙　　　　丙　　　　丁

图 2-95

4. 常见的理想变压器的动态分析问题一般有两种类型：匝数比不变的情况和负载电阻不变的情况。

表 2 - 2

匝数比不变的情况	负载电阻不变的情况
$U_1 \quad n_1 \quad n_2 \quad U_2 \quad R$ $\dfrac{n_1}{n_2}$ 不变，负载 R 变化	$U_1 \quad n_1 \quad n_2 \quad U_2 \quad R$ $\dfrac{n_1}{n_2}$ 变化，负载 R 不变
（1）U_1 不变，根据 $\dfrac{U_1}{U_2} = \dfrac{n_1}{n_2}$，输入电压 U_1 决定输出电压 U_2，可以得出不论负载电阻 R 如何变化，U_2 不变； （2）当负载电阻 R 发生变化时，I_2 变化，根据输出电流 I_2 决定输入电流 I_1，可以判断 I_1 的变化； （3）I_2 变化引起 P_2 变化，根据 $P_1 = P_2$，可以判断 P_1 的变化	（1）U_1 不变，$\dfrac{n_1}{n_2}$ 发生变化，U_2 变化； （2）R 不变，U_2 变化，I_2 发生变化； （3）根据 $P_2 = \dfrac{U_2^2}{R}$ 和 $P_1 = P_2$，可以判断 P_2 变化时，P_1 也发生变化，而 U_1 不变，I_1 也要发生变化

109.①如图 2 - 96 所示为远距离输电的原理图，发电厂输出的电压恒定，升压、降压变压器均为理想变压器。由于用户负载的变化会造成其得到的电压变化，供电部门要实时监控，监控电表为理想电表。若某次监测发现 v_2 表的示数减小，则下列判断正确的是（　　　）

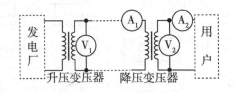

图 2 - 96

A. 电流表 A_1 的示数增大　　　　　B. 电流表 A_2 的示数减小

C. 电压表 v_1 的示数增大　　　　　D. 输电线损失的功率减小

109.②如图 2 - 97 所示为远距离输电示意图，变压器 T_1，T_2 均为理想变

压器，T_1 的输入电压和输电线的电阻均不变，当盛夏用电高峰到来时，下列判断正确的是（　　）

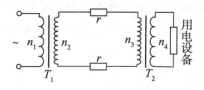

图 2 - 97

A. 变压器 T_2 少输入的电压小于少输出的电压

B. 变压器 T_2 多输出的电流大于变压器 T_1 多输出的电流

C. 变压器 T_1 多输入的电流小于多输出的电流

D. 变压器 T_1 多输入的功率等于用电设备多消耗的功率

【设计意图】主要考查学生的理解能力和推理能力，考查内容涉及理想变压器及远距离输电等。题目借助远距离输电示意图作为素材背景，通过用户用电量的增加来创设问题情景，考查学生对基本概念及规律的理解能力，引导学生关注物理知识在日常生活中的应用，激发学生的学习兴趣，促进学生能量观念的形成和推理判断等科学思维的提升。

【题目①分析】当用户负载增多时，降压变压器的输出电流增大，输入电流也增大，输电线的电阻分得的电压也增大，由于升压变压器的输出电压不变，故降压变压器的输入电压会减小，输出电压也相应减小。因此，若某次监测发现 v_2 表的示数减小，则应该是用户的用电量增加造成的，故电流表 A_2 的示数增大，降压变压器匝数比不变，电流表 A_1 的示数也增大，选项 A 正确，B 错误；根据 $P = I^2 r$，可知输电线损失的功率增大，选项 D 错误；升压变压器的匝数比和输入电压不变，输出电压不变，故选项 C 错误。

【题目②分析】当盛夏用电高峰到来时，用电设备消耗的总功率 P_4 增大，I_4 增大，I_3（I_2）增大，I_1 增大，而 $U_3 = U_2 - 2I_2 r$，可见 U_3 减小，U_4 也减小，降压变压器 T_2 少输入的电压 $\Delta U_3 = \dfrac{n_3}{n_4} \Delta U_4$，多输入的电流 $\Delta I_3 = \dfrac{n_4}{n_3} \Delta I_4$，可见 $\Delta U_3 > \Delta U_4$，$\Delta I_2 = \Delta I_3 < \Delta I_4$，选项 A 错误，B 正确；同理，对于升压变压器 T_1，多输入的电流 $\Delta I_1 = \dfrac{n_2}{n_1} \Delta I_2$，可见 $\Delta I_1 > \Delta I_2$，选项 C 错误；变压器 T_1 多输

入的功率等于用电设备多消耗的功率和输电线多消耗的功率之和，故选项 D 错误。

【教学建议】处理远距离输电的基本思路：发电机→升压变压器→远距离输电线→降压变压器→用电器，或从"用电器"倒推到"发电机"进行分析。远距离输电问题可简要归纳为"3214"。

"3"：理清三个回路，见图 2－98。

"2"：抓住两个联系。

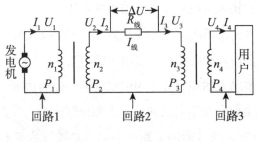

图 2－98

① 理想升压变压器联系了回路 1 和回路 2，由变压器原理可得：线圈 1（匝数为 n_1）和线圈 2（匝数为 n_2）中各个量间的关系是 $\dfrac{U_1}{U_2} = \dfrac{n_1}{n_2}$，$\dfrac{I_1}{I_2} = \dfrac{n_2}{n_1}$，$P_1 = P_2$。

② 理想降压变压器联系了回路 2 和回路 3，由变压器原理可得：线圈 3（匝数为 n_3）和线圈 4（匝数为 n_4）中各个量间的关系是 $\dfrac{U_3}{U_4} = \dfrac{n_3}{n_4}$，$\dfrac{I_3}{I_4} = \dfrac{n_4}{n_3}$，$P_3 = P_4$。

"1"：掌握一个守恒关系：$P_1 = P_{损} + P_3$。

"4"：熟悉计算输电线路功率损失的四种方法：

① $P_{损} = P_1 - P_3$；② $P_{损} = I^2 R_{线}$；③ $P_{损} = \dfrac{(\Delta U)^2}{R_{线}}$；④ $P_{损} = \Delta U \cdot I$。

另外，对于远距离输电中用户负载增大后，电路中的电流、电压、电功率都要发生变化，是否需要引导学生推导认识各量之间的关系，要视学生的实际情况而定，但教师自己腹中必须要有"一桶水"。设输电线的总电阻为 r，根据功率关系，降压变压器的输出功率 $P_4 = P_3 = U_2 I_2 - I_2^2 r$，当 $I_2 = \dfrac{U_2}{2r}$ 时，则

用户消耗电功率 P_4 最大，即 $P_4 = P_3 = \dfrac{U_2^2}{4r}$，见图 2-99 所示图像。

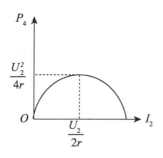

图 2-99

可见，当输送电流 $0 < I_2 < \dfrac{U_2}{2r}$ 时，用户负载增大，即 P_4 增大，$I_2 = I_3$ 均增大，则 I_1、I_4 均增大，升压变压器输入功率和输出功率（$P_1 = P_2$）也增大，而 $U_3 = U_2 - I_2 r$ 要减小，则 U_4 减小。（简单总结为：当输送电流 $0 < I_2 < \dfrac{U_2}{2r}$，当用户负载增大，即 P_4 增大，I_1 增大，U_1 不变，P_1 增大，I_2 增大，U_2 不变，P_2 增大，I_3 增大，U_3 减小，P_3 增大，I_4 增大，U_4 减小，P_4 增大。）

当输送电流 $\dfrac{U_2}{2r} < I_2 < \dfrac{U_2}{r}$ 时，用户负载增大，即 P_4 增大，$I_2 = I_3$ 均减小，则 I_1、I_4 均减小，升压变压器输入功率和输出功率（$P_1 = P_2$）也减小，而 $U_3 = U_2 - I_2 r$ 要增大，则 U_4 增大。（简单总结为：当输送电流 $\dfrac{U_2}{2r} < I_2 < \dfrac{U_2}{r}$，当用户负载增大，即 P_4 增大，I_1 减小，U_1 不变，P_1 减小，I_2 减小，U_2 不变，P_2 减小，I_3 减小，U_3 增大，P_3 增大，I_4 减小，U_4 增大，P_4 增大。）

由于生活中远距离输电的输送电压 U_2 很大，输电线总电阻 r 不大，故输送电流 $I_2 < \dfrac{U_2}{2r}$，即实际上远距离输电属于上述第一种情况。

第三章

热 学

一、分子动理论

110. ①下列说法正确的是（　　　）

A. 气体温度升高，所有分子的速率都增大

B. 物体运动时的内能可能与静止时相等

C. 布朗运动是液体分子的无规则运动

D. 当物体体积增大时，分子引力一定减小，分子力可能增大

E. 知道某种物质的摩尔质量和分子的质量可求出阿伏伽德罗常数

110. ②用油膜法估算分子大小的实验中，首先要将纯油酸稀释成一定浓度的油酸酒精溶液，稀释的目的是使油酸在浅盘的水面上容易形成_____。实验中为了测量出一滴已知浓度的油酸酒精溶液中纯油酸的体积，可以把油酸酒精溶液一滴一滴地滴入小量筒中，测出_____（填"1mL"或"10mL"）油酸酒精溶液的滴数，然后计算得到一滴溶液中纯油酸的体积。为得到油酸分子的直径，还需测量的物理量是_____。

【设计意图】主要考查学生的理解能力、推理能力以及实验能力，考查内容涉及分子动理论的基本观点、阿伏伽德罗常数、气体分子运动速率的统计分布、温度、内能、用油膜法估测分子的大小等。题目对分子动理论的基本观点的理解进行全方位地考查，同时通过实验考查学生应用累积法解决问题的能力，以及对微观与宏观联系的理解能力，促进学生科学思维的提升。

【题目①分析】气体温度升高，分子的平均动能增大，但不是所有分子的速率都增大，选项 A 错误；物体的内能是物体内部所有分子无规则运动的动能和分子势能的总和，物体运动（宏观）的快慢与分子运动（微观）的快慢无关，故选项 B 正确；布朗运动是悬浮在液体中的微小颗粒的永不停息的无规则运动，它反映了液体分子的无规则运动，故选项 C 错误；分子间的引力和斥力均随分子间的距离增大而减小，而分子间的作用力（分子力）在 $r < r_0$ 时随分子间的距离增大而减小，在 $r > r_0$ 时随分子间的距离增大先增大后减小，故选项 D 正确；摩尔质量除以分子的质量就是阿伏伽德罗常数，故选项 E 正确。

【题目②分析】实验用"油膜法估测油酸分子的大小"主要步骤有：①用注射器将事先配好的油酸酒精溶液一滴一滴地滴入量筒中，记下量筒内每增加一定体积时的滴数，由此计算出一滴油酸酒精溶液的体积。②往边长约为 40cm 的浅盘里倒入约 2cm 深的水，待水面稳定后将适量的痱子粉均匀地撒在水面上。③用注射器将事先配好的油酸酒精溶液在水面上滴一滴，待薄膜形状稳定。④将玻璃板放在浅盘上，然后将油膜的形状用彩笔描绘在玻璃板上。⑤将画有油膜形状的玻璃板平放在坐标纸上，计算出油膜的面积，根据油酸的体积和油膜的面积计算出油酸分子直径的大小。

题目是对 2019 年高考全国卷Ⅲ第 33（1）题的改编，油膜法测量分子大小需要形成单分子油膜，故而需要减小油酸浓度；一滴油酸的体积非常小不易准确测量，故而使用累积法，测出 N 滴油酸溶液的体积 ν，用 ν 与 N 的比值计算一滴油酸溶液的体积，ν 取 1mL 较为合适，取 10mL 用时太长；由于形成单分子油膜，油膜的厚度 h 可以认为是油酸分子直径，故而还需要测量出油膜的面积 S 以计算厚度 $h = \dfrac{\nu}{S}$。答案为：（1）单分子油膜；（2）1mL；（3）油膜稳定后的面积 S。

【教学建议】教学中要通过例题引导学生理解以下知识点：

1. 物体是由大量分子组成的

阿伏伽德罗常数是联系宏观物理量与微观物理量的桥梁，1mol 的任何物质都含有相同的粒子数。通常可取 $N_A = 6.02 \times 10^{23} \mathrm{mol}^{-1}$。

2. 分子永不停息地做无规则运动

（1）扩散现象

不是外界作用引起的，也不是化学反应的结果，而是由物质分子的无规则运动产生的。温度越高，扩散越快。

（2）布朗运动

① 布朗运动是固体小颗粒的无规则运动，反映了液体内部分子的无规则运动。

② 颗粒越小，布朗运动越明显；温度越高，布朗运动越剧烈。

（3）热运动

分子永不停息的无规则运动也叫热运动，分子的无规则运动与温度有关，温度越高，分子无规则运动越剧烈。

3. 分子间的相互作用力

（1）分子间同时存在相互作用的引力和斥力，实际表现出的分子力是引力和斥力的合力。

（2）引力和斥力都随分子间距离的减小而增大，随分子间距离的增大而减小，斥力比引力变化快。

（3）分子力 F 与分子间距离 r 的关系（r_0 的数量级为 10^{-10} m）。

表 3 – 1

距离	分子力 F		$F-r$ 图像
$r = r_0$	$F_引 = F_斥$	$F = 0$	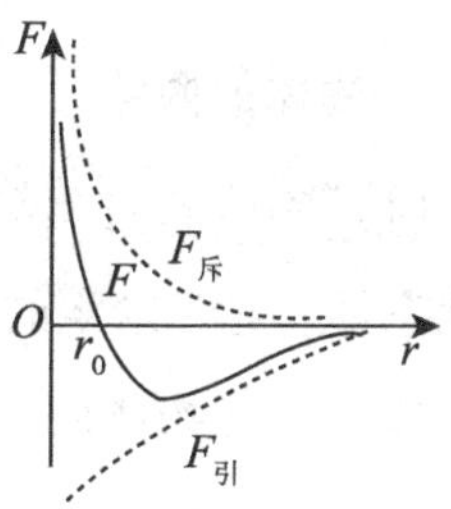
$r < r_0$	$F_引 < F_斥$	F 为斥力	
$r > r_0$	$F_引 > F_斥$	F 为引力	
$r > 10r_0$	$F_引 = F_斥 = 0$	$F = 0$	

4. 温度

两个系统处于热平衡时，它们必定具有某个共同的热学性质，把表征这一"共同热学性质"的物理量叫做温度。一切达到热平衡状态的系统都具有相同的温度，温度标志着物体内部大量分子做无规则运动的剧烈程度。

5. 摄氏温标和热力学温标

表 3-2

	单位	规定	关系
摄氏温标（t）	℃	在标准大气压下，冰的熔点是 0℃，水的沸点是 100℃	$T = t + 273.15\text{K}$
热力学温标（T）	K	零下 273.15℃ 即为 0K	$\Delta T = \Delta t$

6. 分子的动能

（1）分子的动能是分子热运动所具有的动能。

（2）分子热运动的平均动能是所有分子热运动动能的平均值，温度是分子热运动的平均动能的标志。

（3）分子热运动的总动能是物体内所有分子热运动动能的总和。

7. 分子的势能

（1）意义：由于分子间存在着引力和斥力，所以分子间具有由它们的相对位置决定的能。

（2）分子势能的决定因素：

① 微观上——决定于分子间距离和分子排列情况；取 $r \to \infty$ 处为零势能点，分子势能 E_p 与分子间距离 r 的关系如图 3-1 所示，当 $r = r_0$ 时，分子势能最小。

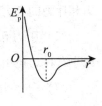

图 3-1

② 宏观上——决定于体积和状态。

8. 物体的内能

（1）物体的内能等于物体中所有分子的热运动动能与分子势能的总和，是状态量。对于给定的物体，其内能大小由物体的温度和体积决定。

（2）改变物体内能的两种方式：做功和热传递。

二、固体、液体和气体

111. ①下列说法中正确的是（　　　）

A. 相对湿度和绝对湿度的单位相同

B. 多晶体有固定的熔点，没有各向异性的特征

C. 根据 $\dfrac{pv}{T}$ = 恒量，可知液体的饱和汽压与温度和体积有关

D. 由同种元素构成的固体，可能会由于原子的排列方式不同而成为不同的晶体

E. 液体表面张力使液面具有收缩趋势，故在液体表面层内分子间的作用力表现为引力

111. ②一定量的理想气体从状态 a 开始，经历 ab，bc，ca 三个过程回到原状态，其 $v-T$ 图像如图 3-2 所示。下列判断正确的是（　　）

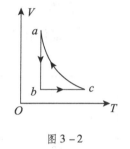

图 3-2

A. ab 过程中气体一定放热

B. ab 过程中气体对外界做功

C. bc 过程中气体内能保持不变

D. bc 过程中气体一定吸热

E. ca 过程中容器壁单位面积受到气体分子的撞击力一定减小

【设计意图】主要考查学生的理解能力和推理能力，考查内容涉及固体的微观结构、晶体和非晶体、液晶的微观结构、液体的表面张力现象、气体实验定律、理想气体、饱和蒸汽、未饱和蒸汽、饱和蒸汽压、相对湿度。题目对物质三态的性质和热力学定律进行全方位的考查，重点考查学生对基本概念、基本规律的理解能力，促进学生能量观念的形成和科学思维的提升。

【题目①分析】相对湿度没有单位，绝对湿度的单位是帕斯卡，选项 A 错误；晶体分为单晶体和多晶体，有固定熔点，单晶体有各向异性的特征，而多晶体则没有此特征，选项 B 正确；状态方程 $\dfrac{pv}{T} = C$ 对理想气体适用，与液体的饱和汽压完全是风马牛不相及，液体的饱和汽压跟液体的种类和温度有关，与体积无关，选项 C 错误；由同种元素构成的固体，可能会由于原子的排列方式不同而成为不同的晶体，例如金刚石和石墨，选项 D 正确；液体表面层中分子间的距离比液体内部分子间的距离大，表面层内分子间的作用力表现为引力，使液面具有收缩趋势，选项 E 正确。

【题目②分析】由理想气体 $v-T$ 图像可知，理想气体从状态 a 到状态 b 是等温过程，内能不变，体积减小，外界对气体做功，根据热力学第一定律，气体对外放热，选项 A 正确，B 错误；理想气体从状态 b 到状态 c 是等容过

程，外界与气体间没有做功，气体温度升高内能增加，根据热力学第一定律，气体必须从外界吸热，选项 C 错误，D 正确；理想气体从状态 c 到状态 a 过程，体积增大，温度减小，根据状态方程 $\frac{pv}{T} = C$ 可知，气体压强减小，容器壁单位面积受到气体分子的撞击力一定减小，选项 E 正确。

【教学建议】教学中要通过例题引导学生理解以下知识点：

1. 固体

（1）晶体和非晶体

表 3–3

分类 比较项目	晶体		非晶体
	单晶体	多晶体	
外形	规则	不规则	不规则
熔点	确定	确定	不确定
物理性质	各向异性	各向同性	各向同性
原子排列	有规则	晶粒的排列无规则	无规则
转化	晶体和非晶体在一定条件下可以相互转化		
典型物质	石英、云母、明矾、食盐		玻璃、橡胶

（2）晶体的微观结构

① 结构特点：组成晶体的物质微粒有规则地、周期性地在空间排列。

② 用晶体的微观结构解释晶体的特点。

表 3–4

现象	原因
晶体有规则的外形	由于内部微粒有规则的排列
晶体的各向异性	由于内部从任一结点出发在不同方向相同距离上的微粒数不同
晶体的多形性	由于组成晶体的微粒可以形成不同的空间点阵

（3）液晶

① 具有液体的流动性。

② 具有晶体的光学各向异性。

③ 从某个方向上看，其分子排列比较整齐，但从另一方向看，分子的排列是杂乱无章的。

2. 液体

（1）液体的表面张力现象

① 形成原因：表面层中分子间的距离比液体内部分子间的距离大，分子间的相互作用力表现为引力。

② 作用：液体的表面张力使液面具有收缩到表面积最小的趋势。

③ 方向：表面张力跟液面相切，且跟这部分液面的分界线垂直。

④ 大小：液体的温度越高，表面张力越小；液体中溶有杂质时，表面张力变小；液体的密度越大，表面张力越大。

（2）饱和蒸汽、未饱和蒸汽和饱和蒸汽压

① 饱和汽与未饱和汽

饱和汽：与液体处于动态平衡的蒸汽。

未饱和汽：没有达到饱和状态的蒸汽。

② 饱和汽压

定义：饱和汽所具有的压强。

特点：饱和汽压随温度而变。温度越高，饱和汽压越大，且饱和汽压与饱和汽的体积无关。

（3）湿度

① 定义：空气的潮湿程度。

② 描述湿度的物理量。

绝对湿度：空气中所含水蒸气的压强。

相对湿度：空气的绝对湿度与同一温度下水的饱和汽压相比的比值。

相对湿度公式：相对湿度 $= \dfrac{\text{水蒸气的实际压强}}{\text{同温度水的饱和汽压}} \left(B = \dfrac{p}{p_s} \times 100\% \right)$。

3. 气体

（1）气体分子运动的特点

① 气体分子间距较大，分子力可以忽略，因此分子间除碰撞外不受其他力的作用，故气体能充满它能达到的整个空间。

② 分子做无规则的运动，速率有大有小且时刻变化，大量分子的速率按"中间多，两头少"的规律分布。

③ 温度升高时，速率小的分子数减少，速率大的分子数增加，分子的平

均速率将增大，但速率分布规律不变。

（2）气体压强

① 产生的原因

由于气体分子做无规则运动而碰撞器壁，形成对器壁各处均匀、持续的压力，作用在器壁单位面积上的压力叫做气体的压强。

② 决定因素

宏观上：决定于气体的温度和体积。

微观上：决定于分子的平均动能和密集程度。

（3）理想气体状态方程与气体实验定律的关系

$$\frac{p_1\nu_1}{T_1}=\frac{p_2\nu_2}{T_2}\begin{cases}温度不变：p_1\nu_1=p_2\nu_2\quad 玻意耳定律\\[2mm]体积不变：\dfrac{p_1}{T_1}=\dfrac{p_2}{T_2}\quad 查理定律\\[2mm]压强不变：\dfrac{\nu_1}{T_1}=\dfrac{\nu_2}{T_2}\quad 盖-吕萨克定律\end{cases}$$

（4）气体状态变化的常见图像

表 3-5

		特点	示例
等温过程	$p-\nu$	$p\nu=CT$（其中 C 为恒量），即 $p\nu$ 之积越大的等温线温度越高，离原点越远	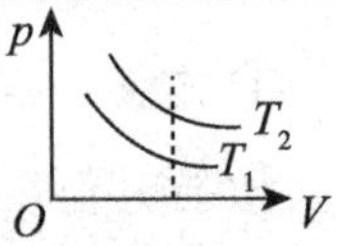 $T_2>T_1$
	$p-\dfrac{1}{\nu}$	$p=CT\dfrac{1}{\nu}$，斜率 $k=CT$，即斜率越大，温度越高	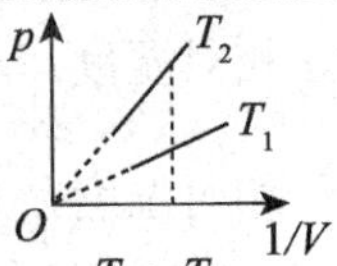 $T_2>T_1$
等容过程	$p-T$	$p=\dfrac{C}{\nu}T$，斜率 $k=\dfrac{C}{\nu}$，即斜率越大，体积越小	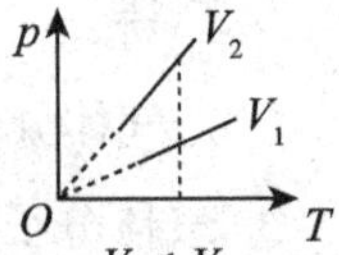 $V_2<V_1$
等压过程	$\nu-T$	$\nu=\dfrac{C}{p}T$，斜率 $k=\dfrac{C}{p}$，即斜率越大，压强越小	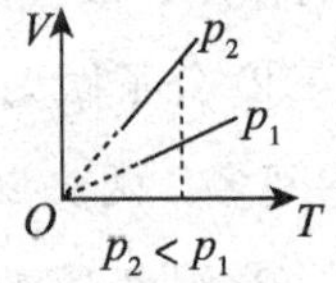 $p_2<p_1$

① 求解气体状态变化的图像问题，应当明确图像上的点表示一定质量的理想气体的一个平衡状态，它对应着三个状态参量；图像上的某一直线段或曲线段表示一定质量的理想气体状态变化的一个过程。

② 在 $\nu-T$ 图像（或 $p-T$ 图像）中，比较两个状态的压强（或体积）大小，可以比较这两个状态到原点连线的斜率的大小，其规律是：斜率越大，压强（或体积）越小；斜率越小，压强（或体积）越大。

112. 如图 3-3 所示，水平面上固定着两个内壁光滑的气缸 A，B，横截面积相同的绝热活塞 a，b 用水平轻杆连接，将一定量的气体封闭在两气缸中，气缸 A 绝热，气缸 B 导热。开始时活塞静止，活塞与各自气缸底部距离相等，B 气缸中气体压强等于大气压强 $p_0 = 1.0 \times 10^5 \text{Pa}$，$A$ 气缸中气体温度 T_A =300K。外界温度保持不变，现通过电热丝加热 A 气缸中的气体，活塞缓慢移动，当 B 气缸中气体体积变为开始状态的 $\frac{2}{5}$ 时，求：

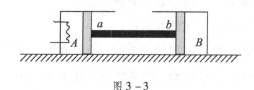

图 3-3

（1）B 气缸中气体的压强；

（2）A 气缸中气体的温度。

【设计意图】主要考查学生的理解能力、推理能力以及分析综合能力，考查内容涉及气体实验定律、状态方程等。题目借助双气缸双活塞植入"两团气"来创设问题情境，通过电热丝加热使活塞缓慢移动产生动态平衡问题，考查学生对基本概念和基本规律的理解应用能力，促进学生科学思维能力的提升。

【题目分析】

（1）对 B 中气体，根据玻马定律

$$p_B \nu_B = p_B' \nu_B',$$

代入解得 B 中气体的压强 $p_B' = 2.5 \times 10^5 \text{Pa}$。

（2）设活塞横截面积为 S，对活塞 a，根据平衡条件

初始时，$(p_A - p_0)S - (p_B - p_0)S = 0$，

末态时，$(p_A' - p_0)S - (p_B' - p_0)S = 0$，

初始时两活塞离各自气缸底部距离相等，当 B 气缸中气体体积变为初始状态的 $\dfrac{2}{5}$ 时，A 气缸中气体体积变为初始状态的 $\dfrac{8}{5}$，即 $\nu_A' = \dfrac{8}{5}\nu_A$。对 A 中气体，根据状态方程

$$\frac{p_A \nu_A}{T_A} = \frac{p_A' \nu_A'}{T_A'},$$

代入解得 A 气缸中气体的温度 $T_A' = 1200\text{K}$。

【教学建议】 教学中要引导学生熟练掌握应用气体实验定律解决问题的基本思路。

1. 选对象：审清题意，确定研究对象。

2. 找参量：观"前"顾"后"，确定状态参量。

3. 辨过程：认清过程，选用合适的规律。

4. 列方程：依规列式，求解并讨论。

113. ①某型号汽车轮胎的容积为 25L，轮胎内气压安全范围为 2.5atm ~ 3.0atm。有一该型号的汽车轮胎，原来胎内气压为 1.4atm，现用一小型气泵为其打气，气泵每秒钟打入 0.5L 压强为 1atm 的空气。假设轮胎容积与气体温度不变，为使该轮胎内气压达到安全范围，至少要打气多长时间？

113. ②如图 3 – 4 所示是生活上常用喷雾器的简化图。已知贮液瓶容积为 3L（不计贮液瓶中打气筒和细管的体积），喷液前，瓶内气体压强需达到 2.5atm 方可将液体变成雾状喷出，打气筒每次能向贮液瓶内打入 p_0 = 1.0atm 的空气 $\Delta \nu$ = 50mL。现打开进水阀门 A 和喷雾头阀门 B，装入 2L 的清水后，关闭阀门 A 和 B。设周围大气压恒为 p_0，打气过程中贮液瓶内气体温度与外界相同且保持不变，不计细管中水产生的压强。求：

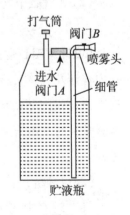

图 3 – 4

（1）为确保喷雾器的正常使用，打气筒至少打气次数 n；

（2）当瓶内气压达到 2.5atm 时停止打气，然后打开阀门 B，求喷雾器能喷出的水的体积最大值。

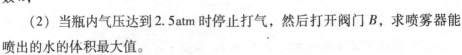

【设计意图】 主要考查学生的理解能力、推理能力以及分析综合能力，考查内容主要涉及气体实验定律等。题目借助生活中的"轮胎打气"和"喷雾器"作为背景素材，通过改变气体质量来创设问题情境，考查学生对基本概念和基本规律的理解应用能力，引导学生关注物理知识在生活中的应用，激发他们的学习兴趣，促进学生科学思维能力的提升。

【题目①分析】

设汽车轮胎的容积为 ν_0，当胎内气压为 $p_1 = 1.4\text{atm}$ 时，相当于压强 $p_0 = 1\text{atm}$ 的空气体积为 ν_1，根据玻意耳定律有

$$p_1\nu_0 = p_0\nu_1,$$

代入解得 $\nu_1 = 35\text{L}$。

当胎内气压达到最低安全气压 $p_2 = 2.5\text{atm}$ 时，相当于压强 $p_0 = 1\text{atm}$ 的空气体积为 ν_2，根据玻意耳定律有

$$p_2\nu_0 = p_0\nu_2,$$

代入解得 $\nu_2 = 62.5\text{L}$。

气泵每秒钟打入体积 $\Delta\nu = 0.5\text{L}$，气压为 $p_0 = 1\text{atm}$ 空气，则至少打气时间

$$t = \frac{\nu_2 - \nu_1}{\Delta\nu},$$

代入解得 $t = 55\text{s}$。

【题目②分析】

（1）贮液瓶装水后，瓶内封闭气体的体积为

$$\nu_1 = \nu_{总} - \nu_{液} = 1\text{L}。 \tag{①}$$

打气过程中瓶内气体做等温变化，有

$$p_0(\nu_1 + \nu_{外}) = p_2\nu_1, \tag{②}$$

$$\nu_{外} = n\Delta\nu, \tag{③}$$

将 $p_0 = 1.0\text{atm}$，$p_2 = 2.5\text{atm}$ 代入可解得打气的次数至少为

$$n = 30。 \tag{④}$$

（2）阀门打开喷水过程，瓶内封闭气体做等温变化，有

$$p_2\nu_1 = p_3\nu_3, \tag{⑤}$$

最后瓶内气体的压强

$$p_3 = p_0, \tag{⑥}$$

代入数据解得最后瓶内气体的体积

$v_3 = 2.5\text{L}$,　　　　　　　　　　　　　　　　⑦

因此喷雾器能喷出的水的体积最大值

$v_水 = v_3 - v_1 = 1.5\text{L}$。　　　　　　　　　　⑧

【教学建议】分析变质量问题时，关键是如何化"变"为"不变"，常见以下几种情形：

1. 充气类

如果给球、轮胎等充气，虽然充气过程气体的质量一直在"变"大，若选取球或轮胎内原有气体和即将打入的气体整体作为研究对象，则充气过程气体的质量"不变"。

2. 抽气类

充气类的逆过程，从密闭容器中抽气，容器内气体的质量不断"变"小，若选取每次抽出的气体和剩余气体整体作为研究对象，则抽气过程气体的质量"不变"。

3. 分装类

把大容器里的气体分装到多个小容器的过程中，大容器里的气体质量不断"变"小，类似抽气类问题，若把大、小容器中的气体整体作为研究对象，则气体的质量"不变"。

4. 漏气类

容器漏气过程中气体的质量不断"变"小，可把漏掉的气体想象"回来"整体研究，这样气体质量就"不变"，也可把漏剩的气体作为研究对象，再寻找前后关系。

三、热力学定律

114. 下列说法正确的是（　　　）

A. 一定量的气体吸收热量，其内能可能减小

B. 可以从单一热源吸收热量，使之完全变为功

C. 液晶显示器是应用液晶的光学各向异性制成的

D. 电冰箱的工作过程表明热量可以自发从低温物体向高温物体传递

E. 在熔化过程中，晶体要吸收热量，但温度保持不变，内能也保持不变

【设计意图】主要考查学生的理解能力和推理能力，考查内容涉及晶体、液晶的微观结构、热力学第一定律、能量守恒定律、热力学第二定律等。题目主要对热力学定律进行全方位的考查，同时考查学生对基本概念和基本规律的理解，促进学生能量观念的形成和科学思维的提升。

【题目分析】根据热力学第一定律 $\Delta U = W + Q$，若气体吸收的热量小于其对外做的功，气体的内能可能减小，选项 A 正确；根据热力学第二定律，可以从单一热源吸收热量使之完全变成功，但一定要引起其他变化，比如电冰箱的工作过程，热量可以从低温物体向高温物体传递，但电冰箱的压缩机要不停地做功，无法实现热量自发传递，故选项 B 正确，D 错误；液晶显示器是应用液晶的光学各向异性制成的，选项 C 正确；在熔化过程中，晶体要吸收热量，但温度保持不变，分子平均动能不变，但分子势能增大，内能增加，故选项 E 错误。

【教学建议】教学中要通过例题引导学生理解以下知识点：

1. 改变物体内能的两种方式

（1）做功。

（2）热传递。

2. 热力学第一定律

（1）内容：一个热力学系统的内能增量等于外界向它传递的热量与外界对它所做的功的和。

（2）表达式：$\Delta U = Q + W$。

（3）理解及应用。

① 热力学第一定律不仅反映了做功和热传递这两种方式改变内能的过程是等效的，而且给出了内能的变化量和做功与热传递之间的定量关系。

② 对公式 $\Delta U = Q + W$ 符号的规定。

表 3 – 6

符号	W	Q	ΔU
+	外界对物体做功	物体吸收热量	内能增加
−	物体对外界做功	物体放出热量	内能减少

③ 几种特殊情况。

a. 若过程是绝热的，则 $Q=0$，$W=\Delta U$，外界对物体做的功等于物体内能的增加量。

b. 若过程中不做功，即 $W=0$，则 $Q=\Delta U$，物体吸收的热量等于物体内能的增加量。

c. 若过程的始末状态物体的内能不变，即 $\Delta U=0$，则 $W+Q=0$ 或 $W=-Q$，外界对物体做的功等于物体放出的热量。

特别提醒：

① 做功与热传递在改变内能的效果上是相同的，但是从运动形式、能量转化的角度上看是不同的：做功是其他形式的运动和热运动的转化，是其他形式的能与内能之间的转化；而热传递则是热运动的转移，是内能的转移。

② 气体向真空中膨胀不做功。

③ 做功看体积：体积增大，气体对外做功，W 为负；体积缩小，外界对气体做功，W 为正。

④ 与外界绝热，则不发生热传递，此时 $Q=0$。

⑤ 由于理想气体没有分子势能，所以它的内能变化主要体现在分子动能的变化上，从宏观上看就是温度发生了变化。

3. 能量守恒定律

能量既不会凭空产生，也不会凭空消失，它只能从一种形式转化为另一种形式，或者是从一个物体转移到另一个物体，在转化或转移的过程中，能量的总量保持不变。

4. 热力学第二定律

（1）热力学第二定律的三种表述

① 克劳修斯表述：热量不能自发地从低温物体传到高温物体。

（"自发地"指明了热传递等热力学宏观现象的方向性，不需要外界提供能量的帮助）

② 开尔文表述：如图 3-5 所示，不可能从单一热源吸收热量，使之完全变成功，而不产生其他

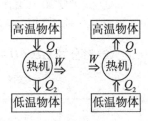

图 3-5

影响，或表述为"第二类永动机不可能制成"。

（"不产生其他影响"是指发生的热力学宏观过程只在本系统内完成，对周围环境不产生热力学方面的影响，如吸热、放热、做功等）

③ 用熵的概念表示热力学第二定律

如图3-6所示，用熵的概念表述：在任何自然过程中，一个孤立系统的总熵不会减小（热力学第二定律又叫熵增加原理）。

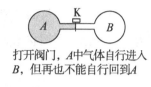

打开阀门，A中气体自行进入 B，但再也不能自行回到A

图3-6

（2）热力学第二定律微观意义：一切自发过程总是沿着分子热运动的无序性增大的方向进行。

（3）热力学第二定律的实质

热力学第二定律的每一种表述都揭示了大量分子参与宏观过程的方向性，进而使人们认识到自然界中进行的涉及热现象的宏观过程都具有方向性。

特别提醒：热量不可能自发地从低温物体传到高温物体，但在有外界影响的条件下，热量可以从低温物体传到高温物体，如电冰箱；在引起其他变化的条件下内能也可以全部转化为机械能，如气体的等温膨胀过程。

5. 热力学定律与两类永动机

（1）两类永动机的比较

表3-7

第一类永动机	第二类永动机
不需要任何动力或燃料，却能不断地对外做功的机器	从单一热源吸收热量，使之完全变成功，而不产生其他影响的机器
违背能量守恒定律，不可能制成	不违背能量守恒定律，但违背热力学第二定律，不可能制成

（2）热力学第一定律说明自然界中发生的任何过程中能量必定守恒，热力学第二定律说明并非所有能量守恒的过程都能实现。

（1）高温物体 $\xrightarrow[\text{热量 }Q\text{ 不能自发传给}]{\text{热量 }Q\text{ 能自发传给}}$ 低温物体

（2）功 $\xrightarrow[\text{不能自发地完全转化为}]{\text{能自发地完全转化为}}$ 热量

（3）气体体积 ν_1（较小）$\underset{\text{不能自发收缩到}}{\overset{\text{能自发膨胀到}}{\rightleftharpoons}}$ 气体体积 ν_2（较大）

（4）不同气体 A 和 B $\underset{\text{不能自发分离成}}{\overset{\text{能自发混合成}}{\rightleftharpoons}}$ A 和 B 混合气体

6. 热力学第一定律与状态方程的综合应用

对于一定质量的理想气体，状态发生变化时，必然要涉及做功、热传递、内能的变化，利用状态方程（或实验定律）与热力学第一定律解决这类问题的一般思路如下：

$$\frac{p\nu}{T} = C \rightleftharpoons \begin{cases} \nu \rightleftharpoons \Delta \nu \rightleftharpoons W \\ T \rightleftharpoons \Delta T \rightleftharpoons \Delta U \end{cases} \rightleftharpoons \Delta U = Q + W。$$

第四章

光 学

一、光的波动性

115. 下列说法正确的是（　　　）

A. 光导纤维传输信号是利用光的折射现象

B. 雨后出现彩虹和海市蜃楼现象都属于衍射现象

C. 看 3D 电影要佩戴偏振镜，光的偏振现象说明光是横波

D. 用两支铅笔夹成一条狭缝，通过狭缝观察日光灯可看到彩色条纹，这是光的干涉现象

【设计意图】 主要考查学生的理解能力和推理能力，考查内容涉及全反射、光导纤维、光的干涉、衍射、偏振、色散，题目选取生活情景作为背景材料来创设问题，考查学生对基本概念及规律的理解应用，引导学生关注物理知识在生活中的应用，促进学生推理判断能力的提升。

【题目分析】 光导纤维传输信号是利用光的全反射现象，选项 A 错误；雨后出现彩虹是光在折射时的色散现象，海市蜃楼是光在不均匀介质中传播的折射现象，选项 B 错误；看 3D 电影要佩戴偏振镜才能产生立体效果，光的干涉和衍射现象说明光具有波动性，光的偏振现象说明光是横波，故选项 C 正确；用两支铅笔夹成一条狭缝，通过狭缝观察日光灯可看到彩色条纹，这是光的衍射现象，选项 D 错误。

【教学建议】 教学中要通过例题引导学生理解以下知识点：

1. 光导纤维

全反射的一个重要应用就是光导纤维（简称光纤）。光纤有内、外两层材料，其中内层是光密介质，外层是光疏介质。光在光纤中传播时，每次射到内、外两层材料的界面都要求入射角大于临界角，从而发生全反射。这样就使从一个端面入射的光，经过多次全反射能够没有损失地全部从另一个端面射出。

2. 光的干涉

光的干涉的条件是有两个振动情况总是相同的波源，即相干波源。相干波源的频率必须相同，形成相干波源的方法有两种：

（1）利用激光（因为激光发出的是单色性极好的光）。

（2）设法将同一束光分为两束（这样的两束光都来源于同一个光源，因此频率必然相等）。图 4 - 1 中分别是利用双缝、楔形薄膜、空气膜、平面镜形成相干光源的示意图。

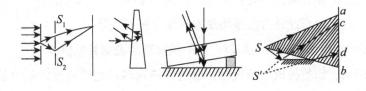

图 4 - 1

（3）干涉区域内产生的亮、暗纹

亮纹：屏上某点到双缝的光程差等于波长的整数倍，即 $\delta = n\lambda$（$n = 0$，1，2，…）

暗纹：屏上某点到双缝的光程差等于半波长的奇数倍，即 $\delta = \frac{\lambda}{2}(2n + 1)$（$n = 0$，1，2，…）

相邻亮纹（暗纹）间的距离 $\Delta x = \frac{l}{d}\lambda \propto \lambda$。用此公式可以测定单色光的波长。用白光作双缝干涉实验时，由于白光内各种色光的波长不同，干涉条纹间距不同，所以屏的中央是白色亮纹，两边出现彩色条纹，各级彩色条纹都是红靠外，紫靠内。

3. 光的衍射

（1）各种不同形状的障碍物都能使光发生衍射。

（2）发生明显衍射的条件是：障碍物（或孔）的尺寸可以跟波长相比，甚至比波长还小。

4. 光的偏振

（1）光的偏振也证明了光是一种波，而且是横波。各种电磁波中，电场 E 的方向，磁场 B 的方向和电磁波的传播方向之间，两两互相垂直。

（2）光波的感光作用和生理作用主要是由电场强度 E 引起，因此将 E 的振动称为光振动。

（3）自然光。太阳、电灯等普通光源直接发出的光，包含垂直于传播方向上沿一切方向振动的光，而且沿各个方向振动的光波的强度都相同，这种光叫自然光。

（4）偏振光。自然光通过偏振片后，在垂直于传播方向的平面上，只沿一个特定的方向振动，这种光叫偏振光。自然光射到两种介质的界面上，如果光的入射方向合适，使反射光和折射光之间的夹角恰好是 90°，这时，反射光和折射光都是偏振光，且它们的偏振方向互相垂直（见图 4-2）。我们通常看到的绝大多数光都是偏振光。

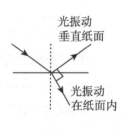

图 4-2

5. 光的色散

含有多种颜色的光被分解为单色光的现象。本质原因是透明物质对于波长不同的光的折射率不同造成的，波长越小，折射率越大。

二、光的折射、全反射

116. 如图 4-3 所示，一身高 $H = 1.4\text{m}$ 的游泳者竖直站立在水平泳池底上，泳池水深 $h = 0.8\text{m}$。一束太阳光斜射到泳池水面上，与水面夹角 $\alpha = 37°$，游泳者在泳池底的影长 $l = 1.4\text{m}$。已知 $\sin37° =$

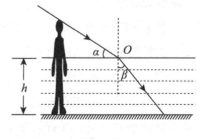

图 4-3

0.6，$\cos 37° = 0.8$。求：

（1）太阳光射入水中的折射角 β；

（2）水的折射率 n.

【设计意图】 主要考查学生的理解能力、推理能力以及分析综合能力，考查内容主要涉及光的折射定律、折射率等。题目借助生活中的"游泳者"和"泳池"作为背景素材，通过太阳光斜射到泳池水面上来创设问题情境，既考查学生对基本概念的掌握，也考查学生对基本规律的理解应用，同时也能激发学生的学习兴趣，促进学生分析与综合能力的提升。

【题目分析】

（1）如图 4-4 所示，AB 间的距离

$$x_{AB} = l - \frac{(H-h)}{\tan\alpha},$$

在三角形 OAB 中，

$$\tan\beta = \frac{x_{AB}}{h},$$

代入数据解得 $\beta = 37°$。

（2）入射角 $i = 90° - \alpha = 53°$，

根据折射定律

$$n = \frac{\sin i}{\sin\beta},$$

代入数据解得 $n = \frac{4}{3}$。

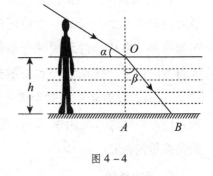

图 4-4

【教学建议】 解决光的折射问题的基本思路：

（1）根据题意画出正确的光路图。

（2）利用几何关系确定光路中的边、角关系，要注意入射角、折射角均以法线为标准。

（3）利用折射定律、折射率公式求解。另外，要引导学生深刻理解折射率：①折射率由介质本身性质决定，与入射角的大小无关，折射率还与光的频率有关，同一种介质中，频率越大的色光折射率越大，传播速度越小。②折射率与介质的密度没有关系，光密介质不是指密度大的介质，光疏介质不是指密度小的介质。③折射率大小不仅反映了介质对光的折射本领，也反映

了光在介质中传播速度的大小 $v = \dfrac{c}{n}$。④同一种色光，在不同介质中虽然波速和波长不同，但频率相同。⑤公式 $n = \dfrac{\sin\theta_1}{\sin\theta_2}$ 中，不论是光从真空射入介质，还是从介质射入真空，θ_1 总是真空中的光线与法线间的夹角，θ_2 总是介质中的光线与法线间的夹角。

第五章

原子物理

一、波粒二象性

117.①紫外光电管是利用光电效应原理对油库等重要场所进行火灾报警的装置，其工作电路如图 5-1 所示，其中 A 为阳极，K 为阴极，只有当明火中的紫外线照射到 K 极时，c，d 端才会有信号输出。已知地球表面太阳光中紫外线波长分布在 315nm ~ 400nm 之间，而明火中的紫外线波长分布在 200nm ~ 280nm 之间，下列说法正确的是（　　　）

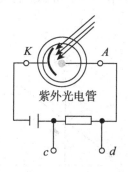

图 5-1

A. 要实现有效报警，照射光电管的紫外线波长应大于 280nm

B. 明火照射的时间要足够长，c，d 端才有输出电压

C. 仅有太阳光照射光电管时，c，d 端输出的电压为零

D. 火灾报警时，照射光电管的紫外线波长越长，逸出的光电子最大初动能越大

117. ②在研究某金属的光电效应现象时，得到该金属逸出光电子的最大初动能与入射光频率的关系如图 5-2 所示。已知图线在两坐标轴上的截距分别为 a 和 b，下列说法正确的是（　　）

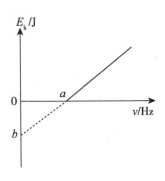

图 5-2

A. 该金属的截止频率为 a

B. 该金属的逸出功为 $-b$

C. 普朗克常量的数值为 $-\dfrac{b}{a}$

D. 研究不同金属时，图线的斜率一般不同

117. ③在研究某金属的光电效应现象时，得到该金属逸出光电子的最大初动能与入射光频率的关系如图 5-3 所示。已知图线在纵轴上的截距为 b，且 $a>0$，下列说法正确的是（　　）

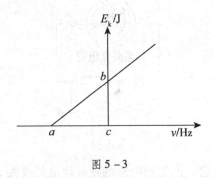

图 5-3

A. 该金属的截止频率为 a

B. 普朗克常量的数值为 $\dfrac{b}{c-a}$

C. 该金属的逸出功为 $\dfrac{ab}{c-a}$

D. 研究不同金属时，图线的斜率一般不同

117.④在研究某金属光电效应实验中，得到的遏止电压 U_c 与入射光的频率 ν 的关系如图5–4所示，已知电子电荷量的绝对值为 e，下列说法正确的是（　　）

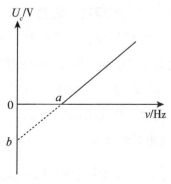

图 5–4

A. 该金属的截止频率为 a

B. 该金属的逸出功为 $-be$

C. 普朗克常量的数值为 $-\dfrac{ae}{b}$

D. 当入射光的频率为 $2a$ 时，遏止电压为 $-b$

117.⑤在研究某金属光电效应实验中，得到的遏止电压 U_c 与入射光的频率 ν 的关系如图5–5所示，已知图线在纵轴上的截距为 b，电子电荷量的绝对值为 e，且 $a>0$，下列说法正确的是（　　）

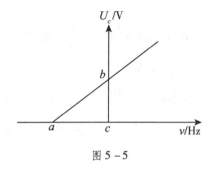

图 5–5

A. 该金属的截止频率为 a

B. 普朗克常量的数值为 $\dfrac{be}{c-a}$

C. 该金属的逸出功为 $\dfrac{ae}{c-a}$

D. 当入射光的频率为 $2a$ 时，遏止电压为 $\dfrac{ab}{c-a}$

【设计意图】主要考查学生的理解能力，考查内容涉及光电效应、爱因斯坦光电效应方程等。题目以"火灾报警的装置"和"研究某金属光电效应"为情景素材，植入光电效应的有关知识，考查学生对光电效应现象的理解能力，同时考查学生对光电效应方程的应用能力和从图像获取有用信息的能力，帮助学生形成初步的量子物理思想，引导学生关注科技在生活生产中的应用，激发学生的学习兴趣，促进学生物理观念的形成。

【题目①分析】根据光电效应规律，入射光的频率不低于截止频率才能发生光电效应，而频率 $\nu = \dfrac{c}{\lambda}$，且明火中的紫外线波长分布在 $200\mathrm{nm} \sim 280\mathrm{nm}$ 之间，故要实现有效报警，照射光电管的紫外线波长应小于 $280\mathrm{nm}$，选项 A 错误；光电效应具有瞬时性，选项 B 错误；因太阳光中紫外线波长分布在 $315\mathrm{nm} \sim 400\mathrm{nm}$ 之间，故仅有太阳光照射光电管时，无法发生光电效应，电路中没有电流，c，d 端输出的电压为零，选项 C 正确；火灾报警时，照射光电管的紫外线波长越长，频率越小，根据光电效应方程 $E_{\mathrm{k}} = h\nu - W_0$，逸出的光电子最大初动能越小，选项 D 错误。

【题目②分析】根据光电效应方程 $E_{\mathrm{k}} = h\nu - W_0$，结合图像，当 $E_{\mathrm{k}} = 0$ 时，截止频率为 $\nu_c = \dfrac{W_0}{h} = a$，选项 A 正确；当 $\nu = 0$ 时，逸出功为 $W_0 = -b$，选项 B 正确；图像的斜率表示普朗克常量 $h = -\dfrac{b}{a}$，选项 C 正确；研究不同金属时，图线的斜率相同，选项 D 错误。

【题目③分析】根据光电效应方程 $E_{\mathrm{k}} = h\nu - W_0$，结合图像，当 $E_{\mathrm{k}} = 0$ 时，截止频率为 a，选项 A 正确；图像的斜率表示普朗克常量 $h = \dfrac{b}{c-a}$，选项 B 正确；逸出功为 $W_0 = h\nu_c$，代入可得 $W_0 = \dfrac{ab}{c-a}$，选项 C 正确；研究不同金属时，图线的斜率相同，选项 D 错误。

【题目④分析】根据光电效应方程和遏止电压有 $eU_c = E_{\mathrm{k}} = h\nu - W_0$，可得

U_c 与入射光的频率 ν 的关系 $U_c = \dfrac{h}{e}\nu - \dfrac{W_0}{e}$，结合图像，当 $U_c = 0$ 时，截止频率为 a，选项 A 正确；当 $\nu = 0$ 时，$b = -\dfrac{W_0}{e}$，逸出功为 $W_0 = -be$，选项 B 正确；图像的斜率 $\dfrac{h}{e} = -\dfrac{b}{a}$，故普朗克常量 $h = -\dfrac{be}{a}$，选项 C 错误；当入射光的频率为 $2a$ 时，遏止电压 $U_c = \dfrac{h}{e}2a - \dfrac{W_0}{e} = -b$，选项 D 正确。

【题目⑤分析】根据光电效应方程和遏止电压有 $eU_c = E_k = h\nu - W_0$，可得 U_c 与入射光的频率 ν 的关系 $U_c = \dfrac{h}{e}\nu - \dfrac{W_0}{e}$，结合图像，当 $U_c = 0$ 时，截止频率为 a，选项 A 正确；图像的斜率 $\dfrac{h}{e} = \dfrac{b}{c-a}$，代入可得普朗克常量 $h = \dfrac{be}{c-a}$，选项 B 正确；当 $U_c = 0$ 时，逸出功为 $W_0 = ha = \dfrac{abe}{c-a}$，选项 C 错误；当入射光的频率为 $2a$ 时，遏止电压 $U_c = \dfrac{h}{e}2a - \dfrac{W_0}{e} = \dfrac{ha}{e} = \dfrac{ab}{c-a}$，选项 D 正确。

【教学建议】对于"光电效应"章节的内容，可以简要地帮助学生了解光"波粒二象性"的"前世今生"：光的本质认识。历史上有两大理论，即牛顿的"粒子说"和惠更斯的"波动说"。1900 年，普朗克在研究热辐射的规律后提出，只有电磁波的发射和吸收是不连续的，而是一份一份的，理论计算结果才能与实验事实相符，于是提出能量子，即 $\varepsilon = h\nu$，敲开了量子物理的大门。从 1887 年赫兹发现了光电效应现象，一段时间以来，人们一直无法解释其成因，受普朗克能量子思想的启发，1905 年，爱因斯坦提出光量子（光子）思想，即光子的能量也是一份一份的，与频率 ν 成正比，并建立了光电效应方程 $E_k = h\nu - W_0$，成功地解释了光电效应现象。

康普顿效应表明光子不但有能量，还具有动量，光子能量 $\varepsilon = mc^2$，故质量为 $m = \dfrac{h\nu}{c^2}$，动量 $p = mc$，又有 $c = \lambda\nu$，代入整理可得光子动量 $p = \dfrac{h}{\lambda}$，又知光子能量 $\varepsilon = h\nu$，其中 ε，p 描述光的粒子性，λ，ν 描述光的波动性，故光具有"波粒二象性"。

1924 年，德布罗意提出实物粒子也具有波动性，即波长为 $\lambda = \dfrac{h}{p}$，频率

为 $\nu = \dfrac{\varepsilon}{h}$。1926 年，玻恩指出光波是一种概率波。1927 年，戴维孙和汤姆孙分别利用晶体做了电子衍射的实验，证实了电子的波动性。

二、原子结构

118. 氢原子能级如图 5 - 6 所示，处于某一激发态的大量氢原子向低能级跃迁过程中，辐射出的光子中能量最小的为 $-\dfrac{9}{400}E_1$，则下列说法中正确的是（　　）

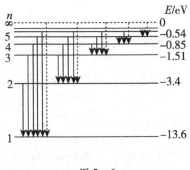

图 5 - 6

A. 一共辐射 5 种频率的光子

B. 一共辐射 4 种频率的光子

C. 辐射出的光子中能量最大为 $-\dfrac{24}{25}E_1$

D. 辐射出的光子中能量最大为 $-\dfrac{15}{16}E_1$

【设计意图】主要考查学生的理解能力，考查内容涉及氢原子光谱、氢原子的能级结构、能级公式等。题目以"氢原子的能级图"为问题情景，将已知氢原子向低能级跃迁过程中辐射出的光子中"能量最小"作为问题抓手，考查学生对玻尔理论和氢原子能级结构的理解能力，从而帮助学生形成初步的量子物理思想，并促进他们的能量观念的发展。

【题目分析】根据玻尔理论，氢原子轨道量子化 $r_n = n^2 r_1$，能量量子化 $E_n = \dfrac{E_1}{n^2}$，跃迁量子化 $h\nu = E_m - E_n$，设氢原子所处激发态的量子数为 n，依题

有 $\dfrac{E_1}{n^2} - \dfrac{E_1}{(n-1)^2} = -\dfrac{9}{400}E_1$，整理得 $\dfrac{\sqrt{2n-1}}{n(n-1)} = \dfrac{3}{20}$，解得 $n=5$，故一共辐射 10

种频率的光子，选项 A，B 错误；辐射出的光子中能量最大为 $\dfrac{E_1}{5^2} - E_1 = -\dfrac{24}{25}E_1$，

选项 C 正确，D 错误。

【教学建议】对于"原子结构"章节的内容，可以从原子结构认识史的角度帮助学生建构知识内容：1897 年，汤姆孙通过对阴极射线的研究发现电子，拉开了探索原子结构的序幕。1898 年，汤姆孙提出"枣糕"原子模型：原子是一个球体，正电荷均匀分布在整个球体内，电子"浸浮"其中。

1909 年，卢瑟福指导他的学生盖革和马斯顿进行了 α 粒子散射实验，实验现象：绝大多数 α 粒子沿原方向前进或发生很小偏转，有些发生较大偏转，偏转角超过 90°，极个别的偏转角接近 180°，通过对实验现象的分析，卢瑟福于 1911 年提出了原子"核式结构模型"（行星模型）。为深入了解电子绕核的运动情况，物理学家从光谱研究入手，发现氢原子光谱为线状谱，经典理论难以解释实验现象。

1913 年，玻尔在卢瑟福学说的基础上，把普朗克的量子理论运用到原子系统上，提出了新的原子理论，称为玻尔模型：轨道量子化假设，能量量子化假设，跃迁量子化假设。

1914 年，弗兰克和他的助手赫兹采用电子与稀薄汞蒸气中汞原子碰撞的方法（与光谱研究相独立），简单而巧妙地证实了原子能级的存在，从而为玻尔原子理论提供了有力的证据。

玻尔模型的局限性：玻尔第一次把量子观念引入原子领域，解决了原子的稳定性和辐射的频率条件问题，把原子结构的理论向前推进了一大步。玻尔模型成功解释了氢原子光谱的实验规律，但对稍微复杂一点的原子（如氦原子），玻尔的理论无法解释它的光谱现象，不足之处是保留了经典粒子的概念。事实上，电子的坐标没有确定的值，我们只能说某时刻电子在某点附近单位体积内出现的概率是多少，而不能把电子的运动看成具有确定坐标的质点的轨道运动。如果用疏密不同的点子表示电子在各个位置出现的概率的多少，画出图来就像云雾一样，可以形象地称为"电子云"。

三、原子核

119. 中国自主研发的世界首座具有第四代核电特征的核电站——华能石岛湾高温气冷堆核电站位于山东省威海市荣成石岛湾。目前核电站使用的核燃料基本都是浓缩铀，有一种典型的铀核裂变方程是 $_{92}^{235}U + x \rightarrow _{56}^{144}Ba + _{36}^{89}Kr + 3x$，下列关于 x 的说法正确的是（　　　）

A. x 是 α 粒子，具有很强的电离本领

B. x 是 α 粒子，穿透能力比较弱

C. x 是中子，中子是卢瑟福通过实验最先发现的

D. x 是中子，中子是查德威克通过实验最先发现的

【设计意图】主要考查学生的理解能力，考查内容涉及原子核的组成、核反应方程、裂变反应等。题目以"中国自主研发的核电站"为情景素材，设置铀核裂变方程的问题，考查学生利用核反应过程中质量数守恒和电荷数守恒解决问题的能力，同时考查学生是否了解中子的发现历程，激发学生的学习兴趣，引导学生关注我国科技事业的发展，树立民族自豪感和自信心。

【题目分析】根据核反应过程中质量数守恒和电荷数守恒可知，元素 x 的电荷数为 0，质量数为 1，故 x 是中子。卢瑟福通过实验发现了质子，预言了中子的存在，他的学生查德威克通过实验发现了中子，选项 D 正确。

【教学建议】对于"原子核"章节的内容，可以从认识史的角度帮助学生建构知识内容：1896 年，贝克勒尔发现了天然放射现象，敲开了"原子核"的大门，物理学家对"射线"进行了深入研究，弄清了射线的组成，认识到"射线"来自原子核，同时断定原子核是一个能量宝库，并激发了物理学家对"原子核"进一步研究的热情。1919 年，卢瑟福用 α 粒子轰击氮原子核发现了质子，核反应方程 $_{7}^{14}N + _{2}^{4}He \rightarrow _{8}^{17}O + _{1}^{1}H$。1932 年，查德威克用 α 粒子轰击铍原子核发现了中子，核反应方程 $_{4}^{9}Be + _{2}^{4}He \rightarrow _{6}^{12}C + _{0}^{1}n$。

核反应有"四变"：衰变、人工转变、裂变、聚变。其中，α 衰变通式 $_{Z}^{A}X \rightarrow _{Z-2}^{A-4}Y + _{2}^{4}He$，实质 $2_{1}^{1}H + 2_{0}^{1}n \rightarrow _{2}^{4}He$；$\beta$ 衰变通式 $_{Z}^{A}X \rightarrow _{Z+1}^{A}Y + _{-1}^{0}e$，实质 $_{0}^{1}n \rightarrow _{1}^{1}H + _{-1}^{0}e$；$\gamma$ 衰变：发生 α 衰变或 β 衰变后原子核处于较高能级，辐射 γ 射线后跃迁到较低能级。重核裂变要重点认识 1932 年哈恩和助手用中子轰击铀核的方程 $_{92}^{235}U + _{0}^{1}n \rightarrow _{56}^{144}Ba + _{36}^{89}Kr + 3_{0}^{1}n$（核电站典型的铀核裂变方程）。轻

核聚变重点掌握氘核与氚核结合成氦核的方程 ${}_1^2H + {}_1^3H \rightarrow {}_2^4He + {}_0^1n$，该反应也是太阳能不断辐射能量的本质原因。

放射性元素衰变的快慢用半衰期来表示，要帮助学生深刻认识半衰期的概念，引导学生认识到放射性在工农业、医疗卫生、科学研究等方面有广泛应用。所有核反应都遵循质量数守恒和电荷数守恒，都要释放能量，要教会学生利用质能方程（爱因斯坦于 1905 年提出）$E = mc^2$ 计算核反应过程释放的能量 $\Delta E = \Delta m \cdot c^2$，同时还要引导学生深刻理解结合能的概念。

后 记

在本书中，部分试题是我近十年来参与命制的汕头市高考模拟考试、汕头市统一质量监测物理科试题，少数试题采用"题组"形式呈现，主要考虑拓宽"问题"的触角，体现试题从基础性到综合性的跃迁，旨在促进学生创新思维和创新意识的形成。

我在改编创作试题过程中，不知多少次经历了唐代诗人贾岛的"僧敲月下门"的纠结"推敲"过程，不知多少次经历了从"现实"到"理想"再到"现实"的模型构建的"心酸"过程，不知多少次经历了从"天上"到"人间"的"轮回"过程，不知多少次经历了"板""块"碰撞的"痛楚"过程，不知多少次经历了"电磁场"中的粒子"离别"过程……

然而，试题的改编创作过程，于我而言，是一种追求，一种心境，甚至是一种情怀，它能帮我把生活中的好多"碎片化"时间实现"零存整取"，它既能遣一己之意趣，也能痛快淋漓地抚平生活中的各种不愉快；"看似寻常最崎岖，成如容易却艰辛"，该书可以说是我守得住"寂寞"的成果，更是我深耕教坛三十余年收获的"芳华"，也是汕头市高中物理吕国通教师工作室的阶段性成果。期望对汕头市高中物理教学有一点"益气"之功效。

做"题"如做人！

吕国通

2020 年 6 月于汕头经济特区林百欣中学